# APRENDER A SER ABUELO

# APRENDER A SER ABUELO

## Gabriel Masfurroll

EDICIONES B
GRUPO ZETA

Barcelona • Bogotá • Buenos Aires • Caracas • Madrid • México D.F. • Miami • Montevideo • Santiago de Chile

1.ª edición: noviembre 2011

© Gabriel Masfurroll, 2011
© Ediciones B, S. A., 2011
   Consell de Cent, 425-427 - 08009 Barcelona (España)
   www.edicionesb.com

El autor destina los beneficios de este libro a los proyectos
de Fundación Alex (www.fundacionalex.org)

Printed in Spain
ISBN: 978-84-666-4884-4
Depósito legal: B. 30.342-2011

Impreso por NOVAGRÀFIK, S.L.

Dedico este libro a nuestro nieto Gaby, pues gracias a él hemos descubierto una nueva vida. A mí personalmente, su llegada me ha permitido recobrar la ilusión por vivir, que se me había olvidado en un mundo despiadado cuya vorágine se me estaba tragando. De nuevo soy feliz con los míos, en parte gracias a este pequeñajo tan simpático que me tiene robado el corazón.

Gracias también a mis abuelos por ser buenos abuelos. A mis padres, que fueron y son buenos abuelos y ahora bisabuelos. A Cris por su amor, sin el cual no habríamos formado una familia de la que estamos orgullosos. A nuestros hijos, que son los que nos han permitido ser abuelos y nos brindan la oportunidad de que además de serlo, lo podamos disfrutar al máximo.

GABRIEL MASFURROLL

# Prefacio

## Bienvenido al club, Gaby

Recuerdo aquella noche en Zúrich. La ciudad estaba nevada, hacía mucho frío pero eso poco importaba. Bajamos todos al *hall* del hotel, mi esposa Celia y mis cuatro hijos, Rodrigo, Matías, Lionel y María Sol. Hacía poco que habíamos regresado de Abu Dhabi, donde el F.C. Barcelona se había proclamado campeón del mundo por clubes.

Bajaron en grupo, estaban todos tan lindos, tan elegantes, tan felices. Celia con un precioso vestido rojo, orgullosa, radiante. Lionel recogía esa noche el FIFA World Player que le acreditaba como mejor jugador del mundo, y viendo a mis hijos tan mayores, tan responsables, pensé que habíamos hecho bien nuestro trabajo de padres. Casi no pude contener las lágrimas porque la familia se había sacrificado mucho, pero ahora estábamos todos juntos, unidos, como siempre quisimos.

Esa noche supe que nuestro trabajo como padres aún no había acabado y comenzaba otra tarea. Ellos, nuestros hijos, tenían encaminada su vida pero detrás asomaban los hasta ahora tres nietos que nos habían dado Matías y Rodrigo, nuestra debilidad. Entonces te das cuenta de que pasa el tiempo, repasas el álbum de fotos y encuentras lo parecidos que son a sus propios padres, y entiendes mejor que nunca el papel de abuelos.

Celia, la mamá de mi esposa, está muy presente en la vida de mis hijos. Ella llevó por primera vez a Lionel a la cancha de Grandoli a jugar un partidillo con niños mayores. Todos los nietos querían estar con Celia, les dejaba jugar en el comedor entre las sillas con un balón y hacer lo que se les ocurriera. Celia mimaba a todos, mis hijos, mis sobrinos, no tenía un preferido porque adoraba a todos ellos.

Muchas veces como padres nos dominan las preocupaciones, estás inmerso en el día a día, en el trabajo para mantener a la familia, el temor de que todo vaya bien, que nada desvíe a tus hijos del buen camino, que sean sobre todo buenas personas, vives involucrado en otras cosas, y se nos escapa la oportunidad de disfrutar el crecimiento de nuestros hijos que luego, con muy poca diferencia, llega al ser abuelo.

Con los nietos sientes que la vida te regala momentos únicos, algunos de los que te perdiste con tus hijos siendo pequeños. Disfrutas cada segundo, te contagias de su alegría, de sus ganas de vivir, ríes con las inocentes salidas, con sus recursos, con sus pataletas.

El camino continúa, nuestra misión continúa, porque los más pequeños están ahí para recordarnos que queda mucho por vivir, mucho por sentir, que hemos de disfrutar de cada instante, cada momento de felicidad.

Ser abuelo es algo muy grande, por eso, amigo Gabriel, te digo bienvenido al club y que disfrutes de la experiencia. Gaby, tu nieto, te recordará el pasado, aquel que no disfrutamos en su totalidad, y hará revivir tu infancia, te verás tirado en el suelo haciendo carantoñas y a poco que camine le lanzarás un balón, más tú que eres tan futbolero, y sabrás que es el momento de disfrutar.

Jorge Messi

# Prólogo

## Reflexión sin ser abuelo

*La condición de abuelo*

La vida no tiene manual de instrucciones, así que las edades del hombre las vamos descubriendo entre tropiezos y empellones, errando unas veces, acertando otras. El resultado de todo ello es eso que llamamos experiencia, que resulta un GPS que llega a nuestras manos cuando suele hacernos menos falta. A lo largo de la vida vamos acumulando respuestas a situaciones nuevas y, cuando hemos adquirido destreza, nos damos cuenta de que nos da igual la pericia.

La condición de abuelo es enriquecedora porque permite convertir la experiencia en gimnasia para muscular afectos de los nietos. En este caso, no es un método más o menos infalible para conducirse, sino una manera de compartir con los nietos. No para advertirle de lo que le puede suceder, sino para gratificarle cuando responde positivamente. El nieto no ve en el abuelo un millonario de experiencias, sino un cómplice de sus pequeños enriquecimientos afectivos.

Intuyo que ser abuelo es un desahogo emocional,

un ejercicio de desinhibición, una manera de renovar el pensamiento. No todo el mundo sabe manejarse con habilidad para conseguir establecer tal conchabanza que fortalece el lazo familiar, que refuerza la capacidad de entendimiento. El abuelo que entiende su rol contribuye a que el nieto comprenda el suyo. No es el amigo, porque tampoco lo es el padre, pero puede convertirse en un guía cariñoso, divertido, sagaz, que contribuye a que el niño maneje con acierto un universo complejo. Ejercer de abuelo sin agobiar al niño y sin interferir en los progenitores es una forma magistral para recuperar más participación en el entorno familiar, sentirse más joven y notarse actualizado.

Si alguien duda de la grandeza de la condición de abuelo debería releer *La sonrisa etrusca*, novela en la que José Luis Sampedro cuenta la historia de Salvatore, un vecino de Roccasera, a quien su hijo se lleva desde este pueblo del sur de Italia hasta Milán, donde reside, para tratarle un cáncer. En el camino entre su bucólico paisaje rural y la metrópoli piamontesa descubrirá una escultura etrusca, cuya cálida sonrisa le fascinará vitalmente. Al llegar a Milán, descubrirá a Bruno, su nieto de corta edad, con el que iniciará una relación entrañable, todo un monumento a la ternura. El abuelo recupera las ganas de curarse para salvar a Bruno de la vida moderna y poder mostrarle Roccasera, donde estará en contacto con la naturaleza. Y así, disfrutando de su condición de abuelo, conocerá a Hortensia, que le descubrirá el amor en la madurez. Salvatore no superará la enfermedad, pero será feliz hasta el postrer instante, cuando un mordisco cariñoso a su nieto se convertirá en su último hálito de vida, que le permitirá esbozar una sonrisa de felicidad, la sonrisa etrusca.

La historia pone en valor la importancia del abuelo en la maduración emocional de su nieto y la relevancia del nieto en la recuperación anímica del abuelo. La transferencia de afectos convierte una relación familiar en una interacción de vivencias. Es por eso que el hecho de convertirse en abuelo debe ser contemplado como una etapa de enormes compensaciones. Sobre todo porque mientras uno empieza a andar por la vida el otro se da cuenta de que sus pasos dejan huella.

MÀRIUS CAROL

# 1

## La gran noticia: julio de 2009

*Curiosamente, todo lo que ha sucedido en muchos*
*años, se concentra en segundos...*

Hace unos días, pocos, nuestros hijos Catiana y Gaby nos llamaron para decirnos que querían vernos. Nada extraño, pues suelen hacerlo a menudo. Tal y como nos habían avisado, se acercaron porque querían comentar cómo íbamos a planificar el verano. Este mismo día, cuando llegué a casa, me encontré en el buzón, en un sobre, una copia de un documento impreso de internet sobre el embarazo. Lo cojo, lo leo y no entiendo nada. Pero como soy un despistado, lo subo a casa y se lo doy a Cris, que hizo igual que yo: lo miró y lo dejó en algún rincón, sin darle mayor importancia, pensando que era un error.

Pocos minutos más tarde, aparecen Catiana y Gaby, tal como habíamos quedado. Vaya por delante, y créanme de verdad, que cuando Cris me avisó de que vendrían tuve una corazonada. Pero como Cris me reñía siempre que tocaba el tema nietos diciéndome que no debíamos inmiscuirnos ni presionarles, me callé.

Llegaron ambos y nos preguntaron por el papel del

buzón. No reaccionamos de entrada, pero en cuestión de segundos, ¡zas! Era la noticia que anhelaba y con la que había soñado. Sí, sí, les diré que en los últimos meses he soñado más de una y dos noches con nuestros posibles nietos. Es más, han sido sueños que recuerdo, cosa poco frecuente, y tengo las caras del bebé en mi retina grabadas.

Pues bien, la emoción estalló. Fue una mezcla de alegría y a la vez desconcierto. ¿Por qué? Sencillo y complicado a la vez. Alegría y felicidad porque un nuevo miembro se añade a la familia. Desconcierto porque tanto a Cris como a mí, en unos instantes, nos pasaron nuestras vidas por la mente a velocidad de vértigo. Curiosamente, todo lo que ha sucedido en muchos años se concentra en segundos. Es una sensación difícil de explicar. Parece que fue ayer cuando Gaby júnior era un bebé y aprendíamos a ser padres, probablemente el oficio más difícil del mundo y que nadie te enseña, sino que aprendes por ósmosis. Y si tienes suerte de haber vivido la ejemplaridad de tus progenitores, genial. Cris y yo tuvimos unos padres modélicos que, cada uno a su manera y con su personalidad y sus circunstancias, nos transmitieron sus valores y conocimientos con el ejemplo diario.

*L'avi* Gabriel y la abuela Manolita ya no están. Nos dejaron hace años, pero seguro que su huella quedará marcada en sus bisnietos. *L'àvia* Eli y *l'avi* Tonet, ahí están los dos, aguantando como jabatos, haciendo felices a sus hijos y nietos y disfrutando de ellos. Ambos son buena gente, independientes, pero a la vez allegados a los suyos y orgullosos de su familia. ¡Ah! Y serán bisabuelos, que esto es ya de matrícula de honor.

Cuando a mediados de julio Gaby y Cati nos dieron la noticia, nos pidieron que mantuviéramos el secreto, pues sólo nosotros (además de Paola, los padres de Cati y sus hermanas) lo sabíamos. No querían oficializarla hasta confirmarla con las ecografías de rigor. Pues no sabéis bien lo duro que fue para mí guardar en secreto tan fantástica noticia. Quería decirlo a los cuatro vientos, pero no podía, tenía que esperar al 28 de julio, día de la visita al ginecólogo y la ecografía de confirmación.

Pues bien, este día sí, reunimos en casa a toda la familia. Los abuelos y futuros bisabuelos, mi hermana Eli y sus hijos, Cris, Paola y yo, y fue ahí cuando Gaby sacó de su bolsillo un papel plegado y lo desplegó apareciendo ocho fotografías, perdón, ecografías del embrión. Los abuelos no entendían nada hasta que Gaby les dijo: «Vais a ser bisabuelos.» Ambos se emocionaron. Cati estaba de 7 semanas, es decir, casi dos meses. Así pues el bebé nacería en marzo o abril del año siguiente. La emoción afloró y las lágrimas y risas también. Fue uno de aquellos días memorables que no se olvidan jamás.

Cris y yo al acostarnos estuvimos hablando sobre ello de nuevo. Recordamos cómo fuimos padres, las vicisitudes con Gaby, con nuestro querido Álex y luego con Paolita. Parece que fue ayer. No fueron comienzos fáciles. Ser padres encierra una enorme responsabilidad. No es simplemente procrear y que luego Dios provea. Realmente ser padre es algo fantástico. Aún recuerdo como si fuera ayer los tres embarazos y los tres partos y debo decir que, a pesar de los nervios y algunas angustias que te invaden, son de aquellos instantes que jamás olvidaré. El milagro de la vida. Ver nacer a tu hijo es increíble. Ahora, esta etapa ya nos ha pasado. Con Cris decimos que casi tenemos los deberes hechos, pero ahora, ¡vamos a ser abuelos! Así empieza una nueva y preciosa etapa.

¿Y esto cómo se hace? Nuestros amigos que ya lo son

dicen que es una experiencia increíble y empezamos a hacernos a la idea. Unos dicen que es disfrutar de tus nietos sin la responsabilidad directa y seguro que es así, pero que nadie se engañe, un padre o una madre jamás deja de preocuparse por sus hijos hasta que abandona este mundo. Con los nietos, entiendo yo que será parecido. En los próximos meses, hasta que el hecho sea una realidad, intentaré escribir sobre sensaciones, deseos, esperanzas, planes y tantas y tantas cosas que a uno le pasan por la cabeza.

Este libro pretende, al menos en este comienzo, ser una especie de guía y reflexión de cómo pasas de ser hijo a padre y luego a abuelo. Espero que un día sea de ayuda para otros que como nosotros estén a punto de empezar esta nueva etapa en la vida. Vamos a ser abuelos y no tengo ni idea de lo que significa. Trato de imaginarlo y a pesar de que lo intento, me cuesta. Me miro al espejo y pienso «caramba, Gaby, no tenemos pinta de abuelos», al menos de aquellos abuelos estereotipados que siempre nos dibujaban o veíamos en las películas. Es más, tengo amigos que han sido padres recientemente. En fin, curiosidades de la vida. Ojalá esta nueva etapa sea tan feliz como las otras dos anteriores.

# 2

## Soñando

*Quiero aprender y sólo puedo hacerlo de otros
que lo han vivido como yo.*

Estamos a principios de agosto de 2009. Acabamos de llegar de Mallorca donde el barco de la Fundación Álex ha sido la estrella de la regata de la Copa del Rey. *Álex rumbo a ti* ha quedado quinto en su categoría compitiendo con veintiún barcos más. La mitad de su tripulación son marineros con algunas discapacidades físicas importantes, y eso que sólo llevábamos un mes y medio de preparación. Hay que destacar que hemos competido de tú a tú con los demás barcos, con marineros muy «capacitados». No obstante, nosotros nos consideramos ganadores y estamos satisfechos porque hemos demostrado que todos somos tan capaces como cualquiera, si no que se lo pregunten a Borja o a Sergio. Para ello, el secreto es simple: hay que desear hacer lo que te gusta, entrenarse con ahínco, trabajar en equipo, en plena armonía, coordinados y con una buena y fluida comunicación entre todos y todo ello hacerlo con pasión. Convivir y competir horas y horas juntos no es fácil, pero hacerlo así, bien, es lo que marca la diferencia. Y lo mejor de todo, Álex, nuestro segundo hijo que hoy 10 de agosto cumpliría 27 años y nos dejó hace veinticuatro, ha vuelto y está con nosotros de nuevo, gracias a la Fundación. Y ahora con este barco tan especial.

Cris (la futura abuela) y yo (futuro abuelo) llegamos a Palma para estar al lado de la tripulación y apoyar este nuevo proyecto de Fundación Álex. Hoy de regreso, y tras una semana intensa y llena de preciosas emociones, estamos ya en nuestro refugio de Fornells, en Menorca.

En la Copa del Rey, en Palma, coincidimos con nuestro hijo Gaby y con Catiana, su esposa. Ella ya está de algo más de dos meses. Su cuerpo le hace sentirse extraña, algo normal pues es primeriza, y Gaby la cuida y la mima sin descanso. Yo que soy intervencionista por naturaleza, me metería en todo, pero Cris, mi balanza, me calma, me dice que esto es normal y me insiste una y otra vez pidiéndome que les dejemos tranquilos, que no les agobiemos, que ellos saben bien qué hacer y que si nos necesitan nos lo dirán. Como siempre, tiene razón...

Ahora, de nuevo en aguas menorquinas y con el balanceo de las olas del Mediterráneo, estoy leyendo una entrevista a Denzel Washington en la que dice: «Mis hijos que ya son mayores me han enseñado a callar y a escuchar, y a mis 54 años, yo que soy un tipo muy expansivo, es todo un logro.» Pues bien, a mí, que soy de su misma quinta y probablemente igual de expansivo; me está pasando lo mismo. Presiento que se avecina una nueva etapa en mi vida donde deberé aprender a hacer cosas distintas, tener posiciones y actitudes diferentes a las que he tenido estos años y me da que pensar. ¿Seré capaz? ¿Aprenderé a estar en mi nuevo sitio? ¿Influirá mi nuevo estatus de abuelo? Éstas y muchas otras preguntas me asaltan sin parar y no las puedo resolver de momento como a mí me gustaría, es decir *ipso facto*, como suelo hacer con los problemas que se me presentan. Necesito tiempo y madurar. Sí, madurar y entrar por fin y con buen pie en este nuevo mundo que se me está abriendo. Quiero aprender y sólo puedo hacerlo de otros que lo han vivido como yo, es decir, sobre la marcha, con la propia vida a lo *self made man* o escuchando experiencias de terceros. Es curioso que este «oficio» no te lo enseñe nadie. ¿Será que ya viene incorporado en los genes? Quizá sí. Mientras, nuestros hijos y futuros papás están en casa de sus suegros (otros futuros abuelos), Paco y Catiana, un torbellino de mujer, emocionada también por ser abuela primeriza, en el puerto de Andratx, en la isla de la calma, sitio precioso.

La coincidencia ha permitido que estos días hayan vivido con nosotros estos momentos especiales con *Álex* y esto nos ayuda a recordar un pasado especial y poder vivir un presente único. Ya de regreso en «nuestra» Menorca querida y tras recibir felicitaciones por doquier, no sólo por la iniciativa del barco, con su enorme impacto y repercusión, sino porque vamos a ser abuelos, sigo preguntándome qué significa esto de ser abuelo, cuál será mi papel en esta historia y cómo debo prepararme y afrontarlo. Y la verdad es que sigo perdido. Alguno de mis amigos ya lo son e insisten en que es una experiencia extraordinaria y única, y les creo. Me cuentan lo que hacen y cómo lo hacen y sí, lo entiendo, pero aún no sé verme en este rol. ¿Yo abuelo? ¡Imposible, si soy un chaval! Je, je... Pues será que no. Y si es que sí, es aún mejor.

# 3

## Recordando

*Cada uno de ellos acarreó historias singulares
que nos hicieron madurar como personas...*

Lo más gracioso es que dentro de unos meses, cuando me nombren abuelo de forma oficial, cada noche dormiré con una abuela, ¡y esto es muy fuerte! Ja, ja... Bromas aparte, es algo que me apetece. Tal y como he dicho antes, he soñado con nuestro nieto muchas veces. Le he visto en sueños, conozco su cara. Curioso, ¿verdad? Será dentro de seis o siete meses cuando nacerá, y viviré de nuevo uno de los hechos más hermosos que he presenciado en mi vida, el nacimiento de un bebé, y ahí estaremos, frente a frente, nieto o nieta y su abuelo. Será el comienzo de una nueva vida. Aún recordamos con Cris cuando nació Gaby. Tardó once horas en salir. En el Hospital de Sant Pau, donde Cris y yo nos conocimos, allí nació Gaby, en el pabellón de Santa Isabel. Allí, después de sudor, sangre y muchas horas de espera, llegó Gaby, y con él las lágrimas de alegría. Por fin, tras una espera desesperante, salió del útero de Cris con sus 3 kilos y 850 gramos y sus 52 centímetros. Pelo negro y feo, vaya, muy feo según su madre, y hermoso y guapísimo para mí. A la larga, el tiempo me ha dado la razón pues el mozo es un tipo guapote. Lo envolvieron en papel de aluminio. Sí, sí, como un sándwich, para preservar la temperatura, y yo lo tomé en mis brazos. Jamás lo olvidaré. Los nacimientos de Álex y de Paola fueron otros dos acontecimientos inolvidables. Todos ellos fueron extraordinarios. Cada uno de ellos acarreó historias singulares que nos hicieron madurar como personas, y mucho porque cada uno arrastró circunstancias muy especiales que nos obligaron a intensificar nuestros sentidos, emociones y dedicación al límite. Nos permitió seguir aprendiendo a ser padres, muy padres, y gracias a ello creo que podemos presumir de haber forjado una familia magnífica, ejemplar y tener unos hijos extraordinarios, buena gente, buenos hijos que seguro serán también buenos padres y algún día también buenos abuelos.

Sigo en el mar, anclado en un bellísimo rincón de la costa menorquina cercano a Fornells y ahora estoy leyendo. Esta vez es un artículo de Ángeles Caso, precioso, titulado «Ésta es una declaración de amor» en donde ella confiesa haber cumplido 50 años y cuenta que acaba de pasar diecisiete días con su sobrina Inés de 3 años. Lo más sorprendente y pedagógico para mí es cuando cuenta haber hecho cosas extraordinarias para un adulto y que tenía olvidadas, tales como jugar en su casita del jardín, haber leído libros conjuntamente, saltar encima de las camas, columpiado «como locas» en una hamaca tendida entre dos árboles, mirado con asombro las estrellas por la noche, cantado, gritado... En fin, todo aquello que cumplidos los cincuenta es parte de un lejano pasado. Ángeles acaba de recuperarlo con su sobrina Inés. Pues bien, este artículo me llega como caído del cielo, pues es tremendamente pedagógico y me ayuda a aprender a ser abuelo. Finaliza Ángeles Caso explicándonos que los humanos somos los únicos mamíferos en los que las hembras, a partir de una cierta edad, ya no pueden engendrar, y concluye diciendo que algunos científicos creen que es un truco de la naturaleza para que así podamos dedicar nuestros esfuerzos a ayudar a nuestros hijos a cuidar de los suyos. La naturaleza es sabia. Concluye diciendo que ahora se siente más preparada para cuidar uno de «esos seres diminutos». ¡Eso debe de significar ser abuelos!

# 4

## Nueve semanas y media

*Yo, que soy más fabulador, me pongo a contar
y saco la conclusión de que será Acuario o Piscis.*

Estamos a mediados de agosto. Ayer, mientras navegábamos por el norte de Menorca en medio de una tramontana algo severa pero interesante de desafiar, nos peleábamos con el viento y negociábamos con las olas, sonó el teléfono. Era Gaby, nuestro hijo, y nos llamaba porque acababan de hacerle a Catiana en nuestra clínica de Mallorca, USP Palmaplanas, la segunda ecografía de rigor y les comunicaban que el bebé estaba muy bien, con los parámetros normales. Según los cálculos, ¡estaba de nueve semanas y media! «Caramba —le dije yo—, buen título para mi capítulo.»

De nuevo, a recalcular la fecha del probable nacimiento, y nos pone entre febrero y marzo. Yo, que soy más fabulador, me pongo a contar y saco la conclusión de que será Acuario o Piscis. Si es Acuario, lo será como tres de sus bisabuelos, es decir, los *avis* Gabriel y Elisa y la abuela Manolita, todos ellos nacidos entre el 1 y el 5 de febrero. En fin, que nazca cuando toque y que vaya todo bien, pues todo lo demás es accesorio.

Hoy Cati y Gaby llegan de Palma y vienen a pasar unos días con nosotros, a Fornells. Nos hace ilusión estar unos días todos juntos, cosa cada vez más difícil por las obligaciones y compromisos que todos tenemos. Paola está con nosotros pues en junio se rompió un ligamento del tobillo y no ha podido ir con la selección española al Mundial sub-21 de hockey hierba que este año se celebraba en Boston, aunque lo más probable es que tampoco hubiera ido. Ha tenido un año durísimo, pues ha acabado tercero de Esade con magníficas notas y ha estado todo el año entrenando cada día de la semana, bien con su club, el Polo, bien en el CAR de Sant Cugat. Entre nosotros, creo que merecía un descanso total, físico y mental. Y lo está disfrutando muchísimo, con la multitud de amigos que tiene, que aparecen por todas partes y no dejan de llamarla y entrar y salir de casa o acompañarnos a navegar. En fin, que hoy y durante un par de semanas disfrutaremos de toda la familia unida y será a partir de las «nueve semanas y media» hasta las once y media.

En Fornells la tramontana ha remitido y es buena noticia porque así Catiana podrá salir a navegar con nosotros, pues en condiciones adversas y en su estado de gestación hay que ser prudente y abstenerse, no vayamos a tener problemas. Ayer, cuando llegamos a puerto y amarramos, coincidimos con el vecino de muelle que tiene un barco parecido al nuestro. Mientras dejábamos nuestros respectivos barcos, me contaba con detalle las protecciones que ha puesto recientemente y que habíamos notado y claro, no hay duda, son porque desde hace unos días han llegado sus hijos con su nieto de 18 meses. En fin, de nuevo aparece el oficio de ser abuelo. Me explica que sus hijos han venido a pasar unos días con el nieto y, para prevenir, ha tenido que reorganizar el barco y cambiar todas las costumbres y hábitos, pero se le ve feliz y orgulloso. Eso es también ser abuelo.

Al día siguiente, ya 13 de agosto, cuando hemos salido con un mar tranquilo y reposado, con Catiana en el barco, por supuesto, nos los hemos encontrado y tanto nuestros hijos como nosotros hemos comprobado cómo funciona esto de ser abuelo y ser padres en la misma embarcación. Además de repartirte las tareas marineras de siempre, hay también un nuevo reparto, esta vez de pañales, papillas, baños, control y todo lo que conlleva un enano de 18 meses que, como ya camina, se dedica a tocar todo y explorar todos los recovecos que hay en el barco, por lo que no puedes perderle de vista ni un segundo, incluso cuando duerme.

De todos modos, debo decir que el «peke» en cuestión se ha adaptado perfectamente al barco y ni se marea, disfruta bañándose en el mar como un experto marino. Así me imagino yo nuestros próximos años. Cris y yo vamos a tener que recordar y recuperar nuestra enorme experiencia como padres y retomar hábitos olvidados. Ahora, eso sí, con una ventaja, lo haces por devoción y no por obligación y creo que éste es uno de los aspectos diferenciales de ser abuelo. Aunque, digan lo que digan, creo que nadie nos va a quitar el sufrimiento que tienes por ellos, por si están enfermos o les pasa cualquier problema, sean hijos, sean nietos. Poco a poco, vamos descubriendo y aleccionándonos para ser abuelos.

# 5

## El faro

*Como con el faro, ves una lucecita lejana,*
*muy lejana que te indica un punto de orientación.*

Será que el Mediterráneo me tiene dominado y navegar por sus aguas me subyuga. El otro día descubrí un faro precioso. Era de día pero luego por la noche, de regreso, lo vi de nuevo, esta vez ya «en funciones» y lo asimilé al embarazo.

Cuando una mujer queda embarazada, y lo digo como padre y compañero de fatigas de Cris y ahora como abuelo en potencia, si es la primera vez, no sabes lo que representa y adónde te llevará. Como con el faro, ves una lucecita lejana, muy lejana, que te indica un punto de orientación. Durante nueve meses, no dejas de pensar y pensar en el bebé. ¿Cómo será? ¿Estará bien? ¿Qué haremos cuando nazca? ¿Cómo nos organizaremos? Y así, decenas y decenas de preguntas que son mezcla de ilusión y también de angustia y ansiedad. Lo que más teme el ser humano es a lo desconocido. En el mar también sucede así. Si navegas de noche, a pesar de la tecnología (también en la medicina), la oscuridad del mar te da un enorme respeto y a veces miedo y sólo en ocasiones el brillo de la luna y las estrellas te guía, y te alegra. Si el mar está revuelto, debes concentrarte en negociar con él, hacerlo con gran concentración. Cada ola, cada escollo, es una historia distinta. No obstante, eso sí, ves el faro cada vez más cerca.

Pues como abuelo en potencia, me pasa lo mismo. Además, como navegante experto trato de recordar mis viajes anteriores (los embarazos y nacimientos de nuestros tres hijos) para poder ayudar, si fuera preciso, en su momento a nuestros hijos. Esta experiencia adquirida con los años me permite navegar mejor, pero es difícilmente trasladable a otros. Nuestros hijos escuchan, intentan comprender, se esfuerzan en comparar lo que decimos y les contamos con lo que viven y quizá sí, hay muchas semejanzas, pero... puedes explicar, detallar, pero hasta que no lo vives en tus propias carnes, no es lo mismo.

Igual sucede en el mar. El faro sigue lejos, es el punto de llegada. No obstante, la luz cada vez es más clara y se va acercando, mejor dicho, nosotros a ella.

Ya sólo faltan seis meses... Es mucho y a la vez es poco. Para la futura mamá es un proceso largo, muy largo, que la altera y la cambia. Su metabolismo está alterado y se siente distinta, con miedos.

No es lo mismo estar en tierra firme que en el mar, pero si quieres llegar a puerto, si quieres tener un bebé, debes embarcarte, embarazarte y los demás, cada uno en su posición, cumpliendo con eficiencia y discreción nuestro rol, somos parte de la tripulación. El rumbo es el adecuado y los datos que tenemos nos indican que la ruta es la idónea. ¡Ahí vamos, Neptuno!

# 6

## El horizonte

*Regresamos al inicio y creo que ya estamos*
*preparados para ello, pero a lo lejos,*
*vemos de nuevo el horizonte...*

El horizonte, cuando estás en el mar, te parece infinito, inalcanzable, aunque la lógica te dice que siempre hay algo detrás y que se puede alcanzar. Cuando avistas tierra firme es la confirmación de tus suposiciones.

La vida es algo parecido. Cuando eres joven, ves el horizonte y sabes que está lejos, muy lejos, y no te planteas qué hay detrás ni qué es. Sueles vivir el presente y el horizonte, sin grandes planteamientos, no es más que una fina línea lejanísima que es casi infinita, horizontal, inacabable y poco más. A medida que la vida transcurre, sigues navegando y, como Colón, empiezas a descubrir que el horizonte no es inacabable, ni mucho menos. Descubres islotes, islas y finalmente llegas a tierras continentales y luego vuelta a empezar con el viaje de regreso. La vida es lo mismo. Los primeros descubrimientos son aquellas vivencias que te empiezan a hacer madurar, a curtir. La escuela, luego la universidad, tus primeros amigos, actividades que puedas desarrollar, tus primeros amores, etc. La llegada al continente es ya el salto a la madurez, tu consolidación personal, la formación de un núcleo familiar estable. Cada uno puede hacerlo a su manera, de forma distinta, pero suele ser así y a partir de ahí, sueles convertirte en padre de familia e inicias un aprendizaje para el que curiosamente nadie te ha preparado. Qué paradoja, ¿verdad? Sólo tu capacidad de observación, intuición y por supuesto lo que has aprendido «en casa», es decir, el legado pedagógico familiar no escrito y sí expresado y ejecutado día a día por tus progenitores, padres y abuelos, te puede servir de guía si has sabido entenderlo y ellos transmitírtelo con sabiduría.

Luego, lo mezclas en una coctelera con tus propios principios, reglas y valores que has aprendido de unos y de otros y diseñas tu propia receta. A partir de ahí, te tiras a la piscina y a nadar. Unos, como todo en la vida, lo hacen mejor que otros. El oficio de padres es probablemente el más difícil del mundo y yo personalmente creo que poca gente le da la importancia que merece, de forma inconsciente. ¿Hay algún plan educativo que dedique una pequeña parte del mismo a ello? Me atrevería a decir que no. Estamos preocupados por otros temas educativos, algunos ridículamente demagógicos y a veces lo más importante se olvida. Debo decir que yo aprendí sobre la marcha, como casi todos. Con la ayuda de Cris, nuestros padres y cruzando los dedos cada día. Creo que nos ha salido francamente bien, aunque no te dan la nota final hasta que ya no estás... Ahora, como Colón, después de descubrir el continente y haber hecho nuestros deberes, iniciamos el viaje de regreso. Hemos adquirido enormes conocimientos, tenemos gran experiencia. Hemos pasado momentos, alguno de ellos muy difíciles, que nos han hecho madurar increíblemente y creo que somos mejores.

Somos más sabios, por la edad y el bagaje adquirido en todos estos años vividos con una intensidad increíble. Pues bien, todo esto que llevamos en la mochila de nuestros activos como personas son las herramientas que utilizaremos cuando sea preciso para ejercer de abuelos, de buenos abuelos. Regresamos al inicio y creo que ya estamos preparados para ello, pero a lo lejos vemos de nuevo el horizonte...

Esta vez tampoco nadie nos ha enseñado a ser abuelos. Tendremos que aprender de nuevo solos. Quizás habrá que pedirle a José Antonio Marina que igual que ha creado la Universidad de Padres, la replique con otra para abuelos. No estaría nada mal pues mataría dos pájaros de un tiro, el primero enseñar a ser abuelo, el segundo estimular la mente de aquellos que ya empezamos a declinar un poco.

# 7

## ¿TU o tu?

*El «TU» en mayúsculas pasa a ser un «tu»*
*en minúsculas.*

Curioso capítulo, ¿verdad? Hasta puede parecer absurdo. Pues no, no lo es. ¿A qué me refiero? Pues muy simple. Para llegar a abuelo has de pasar primero por ser padre y es ahí donde te conviertes en progenitor y TU hijo es tu tesoro más importante. Por TUS hijos darías la vida y no dejas de preocuparte por ellos hasta el fin de tus días, que suele coincidir con una preocupación/ocupación mutua entre padres e hijos y un incremento de los cuidados de ellos hacia nosotros, sus padres, en una clara involución de roles.

Cuando aparece el nieto o nieta que te convierte en abuelo, es un paso más, pero el «TU» en mayúsculas pasa a ser un «tu» en minúsculas. Trataré de explicar el porqué: TU hijo es fruto de uno mismo y tu pareja, nace de tus propias entrañas y es una decisión propia. También puede ser que sea adoptado, que es lo mismo, pues es otra decisión propia y probablemente más meditada aún. Además, una vez en casa, el niño/a mama de tus mismos gustos, principios, valores, y si no que se lo pregunten a José Bono con su hija Lucía (Bono dice que es la hija a la que más quiere), o como tantas otras parejas que han hecho este acto de generosidad. La educación y la formación emana de uno mismo, de la propia pareja, y cuanto más unida está y más armonía hay, mejor funciona todo. Eres tú como padre quien trata de transmitir tus raíces a los tuyos así como el legado familiar y personal como parte de tu herencia sentimental y emocional, aunque no es fácil que la contraparte la reciba con la misma intensidad y pasión con la que tú la emites. Ahí están también tres aspectos que deben manejarse con habilidad: la paciencia, la tenacidad y, a la vez, la tolerancia.

Cuando te conviertes en abuelo, el «tu» es distinto. No es que sea menos importante, pero es indirecto. «Tu» nieto o nieta, es tuyo, pero llegas a él a través de sus padres, uno de los cuales es hijo o hija tuyo, pero el otro componente de la pareja no. Ahí debes ser armónico y respetuoso. ¿Qué quiere decir eso? Pues bien, que debes aprender a manejar una nueva situación en tu vida: aquel ser pequeño que tú podrías considerar como un hijo más, de hecho, y más en el caso del varón. La capacidad reproductiva es útil hasta casi el fin de tus días a diferencia de la mujer, que en eso nos diferenciamos de otros mamíferos (quizás ésta es la razón por la que a las mujeres les cuesta menos ser abuelas y los hombres nos resistimos más, quizá por miedo a poder perder la capacidad de seguir engendrando...), pero es ahí cuando la paradoja se torna en contradicción. Al principio piensas y actuarías como padre, pero no lo eres y no debes hacerlo so pena de equivocarte y meterte en casa ajena. Como dice Cris, «casado a tu casa». Como abuelo, aunque te cueste, tu responsabilidad es indirecta. Puedes opinar, recomendar, incluso tratar de influir, pero sin pasarse de la fina línea que separa ambos roles.

El nieto/a es responsabilidad de sus padres y los abuelos debemos ser o actuar como complemento y quizá, memoria histórica (vaya frase se me ha ocurrido) de la familia. En serio, los abuelos estamos para compensar, para tratar de ayudar, apoyar y dar la sabiduría que te dan los años, pero jamás imponer, pues además de no servir para nada puede ser contraproducente. Tener nietos es la versión padres, pero *light*, es decir, disfrutas de ellos y tienes que tratar de que ellos lo pasen bien contigo, pero eso sí, sin transgredir las reglas establecidas por sus padres. Al contrario, te gusten o no, estés o no de acuerdo, debes respetarlas y apoyarlas, aunque a veces no comulgues con ellas. Es decir, ser abuelo tampoco es nada fácil. Sustituimos el «TU» por el «tu» y este ejercicio, al principio, cuando eres novato, es difícil de asumir. Aún no soy abuelo y al planteármelo me cuesta y tengo enormes contradicciones, y más yo que tengo un carácter fuerte, pero tengo la suerte de que Cris, que me conoce muy bien, va «educándome» con enorme sabiduría y pedagogía y me va preparando para el momento. Seguro que lo haremos bien y cumpliré mi papel como un campeón, vaya, como un abuelo campeón, je, je...

# 8

## Barriga y ejemplaridad

*¡Es tan difícil para los futuros abuelos saber estar
en el sitio adecuado!*

Hoy cumplimos, perdón, cumplen; perdón de nuevo... Catiana cumple 11 semanas de embarazo. ¿O debería haberlo dicho al revés? Bueno, éstas son las lecciones que estamos aprendiendo sobre la marcha. Está claro que el embarazo, tal cual, es la madre quien lo lleva, lo siente muchísimo más que nadie y esto es impepinable, pero también es cierto que el «entorno», empezando por el padre, y luego los abuelos potenciales y resto de la familia podemos involucrarnos más o menos. ¡Ojo! La involucración no significa para nada ser un pesado o plasta, como dirían las jóvenes generaciones, o estar encima constantemente y tratar a la futura mamá como una inválida, para nada. Tampoco desentenderse y esperar a que llegue el día. Esta frontera, expuesta en unas líneas, parece fácil pero no lo es. ¡Es tan difícil para los futuros abuelos saber estar en el sitio adecuado!

Por un lado, la alegría, la euforia, te puede convertir en un pesado pues puedes llegar a adquirir, sin darte cuenta y con la mejor buena fe, un protagonismo que no te corresponde y te puede llevar al borde del ridículo, y lo que es peor, del incordio. La ilusión y la pasión te llevan a querer asumir cosas que son más propias de los padres, pues así ha sido siempre y así debe ser. Pero a la vez, un exceso de discreción y «no querer molestar» puede provocar en los futuros papás una percepción errónea de que el tema te importa relativamente poco. Así pues, ¿qué hacer?

Ésta es la gran pregunta, vaya, diría que la gran respuesta. Seguramente esto es como un rompecabezas. Cada familia es distinta y, por lo tanto, cada uno tiene el papel adecuado y debe encajarse donde le toca. No es nada fácil. Ahí aparecen benévolos y bienintencionados protagonismos que bien o mal llevados pueden acarrear conflictos. Cris y yo hemos hablado mucho sobre este tema y al final hemos decidido seguir el ejemplo de mi madre. Ella jamás se ha entrometido. Nos dio los consejos que consideró adecuados para que todo fuera bien según su experiencia y sabiduría, aquella que sólo te dan los años. Ella y mi padre siempre estaban a nuestra disposición, siempre, pero de forma reactiva. Sólo cuando se lo pedíamos o nos veían apurados, allí estaban ellos, en la discreción pero ayudándonos con eficacia. Eran siempre discretos y cuando estábamos con ellos eran muy felices, pero jamás reclamaban nada que pudiera provocar conflictos. Primero para ellos eran sus hijos y los nietos, luego ellos.

Pero ojo, cuando tuvimos problemas, y algunos muy importantes con nuestros hijos, sus nietos, allí estuvieron, especialmente mi madre, al pie del cañón; repito, en un segundo plano, tratando de no molestar, pero ayudando una enormidad, con cero protagonismo, sin fastuosidades pero con una ejemplaridad increíble. Así es como queremos ser nosotros, actuar como abuelos de verdad, estar ahí cuando se nos necesite o se nos pida y siempre amando a nuestros nietos con la misma pasión que a nuestros hijos, pero de forma distinta. Vamos a tratar de poner toda nuestra inteligencia y criterio en ello. Ojalá lo hagamos bien.

Pero recordemos el título de este capítulo: «Barriga y ejemplaridad.»

Todo esto viene a cuento porque el embarazo que nos anunciaron Gaby y Cati hace unas semanas después de cinco pruebas, con todos los sistemas y modelos de predicción que hay en el mercado y luego confirmado por la ecografía de rigor, la barriga, el signo prácticamente inequívoco del embarazo, aún no estaba. Pero no ha sido hasta ahora, a las 11 semanas, que la protuberancia de la barriga no ha empezado a dar señales de vida, me refiero a señales físicas perceptibles. Es curioso, pero cuando la barriga aparece es cuando de verdad tienes la sensación de que el bebé está ahí dentro. Es una paradoja más de las muchísimas que se dan. La ciencia avanza sin cesar y los métodos de predicción como otros tantos son cada vez más sofisticados, pero siempre son los síntomas y los signos, los de siempre, los que te dan la razón y te confirman las situaciones. Supongo que la naturaleza es más sabia de lo que a veces creemos.

Pues bien, ya hemos (fijaos bien que ya hablo en plural) llegado a las once semanas, que son casi tres meses de embarazo. Quedan algo más de seis, tiempo más que suficiente para seguir aprendiendo y reflexionando para tratar de ser unos buenos abuelos, tan buenos como fueron los nuestros.

# 9

## *Imagine*

*«Imagino a todo el mundo viviendo en paz.»*

John Lennon dice en su canción *Imagine*: «Imagino a todo el mundo viviendo en paz.»

Esto es lo que deseo, creo que deseamos la mayoría de los humanos, pero desgraciadamente y siendo realista, soy incapaz de imaginar para mis nietos un mundo así, en paz, pues jamás ha existido y creo que jamás existirá, mal que me pese. A partir de ahí, trato de imaginar un mundo mejor al que tenemos y esto sí que es factible, vaya, diría que si no nos lo creemos, mejor no seguir y romper la baraja.

También quisiera destacar unas palabras de Muhammad Yunus, creador del Grameen Bank, considerado el banquero de los pobres; dice: «Creamos el mundo como nos lo imaginamos y yo me lo imaginé sin pobreza.»

Desde que me anunciaron que sería abuelo, me empecé a preguntar y tratar de imaginar qué pasará en el futuro, qué mundo se encontrarán no sólo nuestros nietos sino también nuestros hijos y las jóvenes generaciones. ¿Cuál será realmente nuestro legado y qué impacto tendrá? ¿Recibirán un mundo mejor? El otro día escuché en una conferencia a un abuelo muy conocido y que ejerce con orgullo. Se trata de Leopoldo Abadía. Dijo una frase que me hizo pensar: «¿Qué es más importante: el mundo que les vamos a dejar a nuestros hijos o los hijos que dejaremos a este mundo?» Lo mismo podemos aplicar a nuestros nietos.

Durante varios meses he estado coleccionando predicciones de distintos personajes de instituciones diversas y con enorme credibilidad que tienen la valentía de vaticinar lo que ellos creen será el futuro. Ahí, y a modo de resumen de algunos de estos vaticinios, sólo unos apuntes para nuestros nietos de parte de sus abuelos. Es probable que el día que tengan capacidad de leer y entenderlos, se rían y vean cómo la visión del futuro en contraste con la realidad que ellos vivirán será tan distinta como la magnífica película de Kubrick *2001: Odisea del espacio* y el año 2001 que vivimos nosotros. Como verán, hay predicciones para todos los gustos, desde las apocalípticas a las más moderadas y optimistas. Creo que es bueno dejar constancia en este libro pues forma parte del legado que podemos dejar como futuros abuelos que son esto, sólo predicciones. Sólo apuntarles a título de curiosidad que en el mundo hay hoy en día más de 60.000 expertos que se dedican a vaticinar el futuro, pero no de forma fantasiosa o de ciencia ficción, sino comisionados por instituciones como la Unión Europea y Estados Unidos, utilizando instrumentos como las ciencias naturales, las matemáticas, la economía e incluso la sociología y psicología, según nos cuenta el articulista Antonio Dini en *El Economista* del 13/11/2006.

La mayoría de las predicciones suelen ser catastrofistas. Esto creo yo que es como los telediarios de los canales de televisión. Las buenas noticias ni atraen ni venden. Las malas, sí. Pues en las predicciones del futuro debe de ser igual. Veámoslo:

2020: Grandes migraciones y conflictos bélicos entre países. A favor: Gobierno de EE.UU. con el «Mapping the Global Future». En contra: Banco Mundial.

2026: Nuevo Mundo Digital. Habrá 3.000 millones de internautas. La potencia del proceso informático será 8.000 veces la actual. A favor: estudio Prospectiva TIC 2026 realizado por Markess. En contra: el peligro de la elevada cibercriminalidad puede ser un freno.

2030: La crisis del petróleo. A favor: un informe de expertos de la UE. En contra: Agencia Internacional de la Energía.

2047: El final de los periódicos. A favor: Philip Meyer. En contra: Barry Schwartz.

2050: Apocalipsis climático (efecto invernadero, calentamiento global, subida del nivel del mar y sus efectos catastróficos, etc). A favor: WWF y la Academia de Ciencias Suiza. En contra: *New Scientist*.

2050: India, China, Brasil, Rusia, Indonesia, México y Turquía dominarán la economía mundial. A favor: PWC. En contra: J. M. Keynes: «A largo plazo, todos estaremos muertos...»

2050: Europa será un parque de atracciones: viviremos de la historia y del turismo. Los americanos serán los investigadores y los asiáticos los productores. A favor: Sala Martín. Ni a favor ni en contra: Alfred Pastor: «Europa debe afrontar dos desafíos, la construcción política y la reforma de su modelo económico, en especial su sistema de protección social.»

2060: Bomba Nanotech: máquinas microscópicas e inteligentes que escapan al control humano. A favor: Nick Bostrom, de la Universidad de Oxford y el escritor Michael Crichton. En contra: MIT de Boston.

2070: Crac de Occidente (provocado por las guerras por los recursos y un clima que empeora sin cesar). A favor: Previsiones de la compañía de seguros Swiss Re. En contra: ONU y OMC.

2080: El mundo se queda sin recursos energéticos. A favor: Informe Stern, UK. En contra: EE.UU. por la aparición de nuevos recursos.

Pues bien, como verán el panorama no es alentador. Y ¿qué opino yo, humilde abuelo potencial? Pues déjenme que haga mis pinitos de visionario. Creo que los próximos veinticinco años serán de transición. Estados Unidos seguirá estando al frente de la economía mundial; no obstante, su liderazgo estará más en función de alianzas con terceros afines y de igual a igual que por dominio y poder como hasta ahora. Si tienen la inteligencia de verlo y hacerlo, Estados Unidos seguirá siendo la locomotora mundial. A rebufo, como siempre la «Vieja Europa» que mal que me pese, seguirá liada en su compleja y variopinta burocracia y convertida en un puzle de culturas, lenguas, leyes que muy difícilmente llegarán a armonizarse y homogeneizarse algún día. La unión económica funcionará más o menos, pero la política la veo como una verdadera utopía. Ya nos cuesta en le ámbito de los distintos estados de la UE... En cuanto a los países emergentes, creo que a todos ellos y por muy distintas razones, les faltan aún años para consolidarse como países estables, con órganos democráticos consolidados y ello, unido a una economía armónica y homogénea en todos sus territorios, cosa que aún no es así y provoca enormes desigualdades internas. No olvidemos que por ejemplo el PIB de China aún proviene en más de un 70 % del sector agrícola. Por supuesto, la tecnología no parará de progresar, como ha sido siempre y muy especialmente en el siglo XX. Como siempre en la historia de la Humanidad, unos la utilizarán para el bien y otros para fomentar el mal. Así ha sido siempre y forma parte del ADN del ser humano. Seguirán las guerras pues los egoísmos y ambiciones de poder de unos pocos manipularán la ignorancia y buena fe de la mayoría en aras de sus intereses particulares.

Pero sí, sin duda, China, Brasil, Rusia, India y quizás alguno más serán la gran alternativa a Estados Unidos, Alemania, Reino Unido, Japón, etc.

Seguirá existiendo la pobreza y el hambre. Creo en un progreso importante de África frente a otros continentes si son capaces de seguir el ejemplo de países como Ghana.

La medicina seguirá progresando de forma imparable, pero aparecerán nuevas enfermedades. Creo muy fervientemente en un auge de la filantropía. Creo que se generarán movimientos filantrópicos que serán de gran ayuda para los desfavorecidos. Tengo poca fe en la política. Sólo si ésta decide obviar demagogias interesadas y se enfoca de verdad y con consistencia en las necesidades de sus ciudadanos, entonces mejoraremos en muchos sentidos, pero me siento escéptico. Si ya es difícil poner de acuerdo a una pareja imaginemos miles o millones de personas con raíces, culturas, religiones, entornos distintos. ¡Imposible!

El bienestar de la población mundial mejorará ligeramente.

En cuanto al medio ambiente, si no somos capaces de educar a los jóvenes, la falta de civismo y de respeto al entorno provocará que éste se degrade en forma de progresión geométrica. Cada vez somos más habitantes y generamos enormes desperdicios y degradación. Aunque a título personal no lo percibimos, pues es como los hijos, no los ves crecer y los demás sí. El medio en el que vivimos se degrada, pero sólo si nos alejamos un tiempo y luego regresamos para verlo, comprobamos el impacto.

Creo fervientemente que, si en algo deberían ponerse de acuerdo todos los países, es en establecer un código de conducta que fuera fácil de aceptar por las distintas culturas, países, religiones, con pocas, muy pocas reglas pero que fueran de estricto cumplimiento y a la vez divulgadas y enseñadas en todas las escuelas del mundo. ¿Es tan difícil por ejemplo pedir que no se tire la comida no utilizada? Deberían ver un reportaje de televisión que también aparece en YouTube sobre los despojos de comida de los restaurantes de comida rápida de un país asiático, y cómo acaban haciendo felices a niños hambrientos de chabolas de dicho país. Es impresionante y demoledor.

No voy a ser yo quien apunte las reglas o principios, Dios me libre, pero ¿no creen que con una buena y sencilla pero efectiva pedagogía las sociedades no mejorarían? ¿No piensan que esta pandemia de violencia viene producida por la pedagogía negativa, diría en algunos casos desastrosa, de la propia sociedad en que vivimos que difunde fantasías o hechos perversos que luego se replican y mimetizan rápidamente por el efecto de comunicación global en la que estamos inmersos?

Sólo la razón bien usada nos puede servir para conseguir un mundo mejor. A esto se le llama comúnmente sentido común, y escasea tanto...

Mientras escribo estas líneas, leo que ha muerto Ted Kennedy. Estoy viendo cómo los grandes referentes del siglo XX van desapareciendo y espero que no sea ni nostalgia ni signo de vejez. Con honrosas excepciones, tenemos en estos momentos pocos referentes morales de peso que sean capaces de iluminar y dar sentido al futuro. Necesitamos guías que con generosidad, sentido común, solidaridad, enorme capacidad de raciocinio, consigan que los puntos que desunen a los pueblos, a las culturas, a las religiones, sean todo lo contrario, un punto de unión. Personajes como Lula o Mandela son estrellas que debemos seguir, pero necesitamos más, muchos más.

Se está gestando en estos momentos un movimiento mundial por la paz denominado Marcha Mundial por la Paz. Realmente no sé quién está detrás, pero si el fin es noble y honesto, ¡apuesto por ellos!

Sólo con paz, armonía y buena fe, podremos conseguir para nuestros nietos un mundo mejor, como deseaba a su manera mi admirado y añorado John Lennon, que en octubre de 2010 hubiese cumplido 70 años. En octubre de 2010, la búsqueda de las palabras «John Lennon» en Google tenía más de ochenta millones de resultados. John sigue con nosotros y ello debe servir para imaginar un mundo mejor.

# 10

## Del pasado al futuro, pasando por el presente

*Es como una carrera en la que a medida*
*que transcurren los años, la velocidad aumenta*
*y el horizonte del fin parece que se acerca.*

Cada día que pasa encuentro más referencias a abuelos y nietos. Hoy en la revista *ES*, en la portada, aparece la foto de un abuelo y su nieta. En el interior, un reportaje de varios abuelos y sus nietos en el que se puede ver cómo comparten aficiones y actividades con sus nietas o nietos, sus complicidades... Deporte, música, aficiones... hasta trabajo. Precioso y estimulante. Y hoy mismo, domingo, me encuentro en un periódico deportivo un chiste del humorista dibujante Kap muy divertido donde el abuelo le cuenta a su nieto las «batallitas» del Barça de las Cinco Copas de Kubala, César, Basora, Moreno y Manchón de los años cincuenta, y su nieto sentado en sus rodillas le cuenta a su vez al abuelo las hazañas de sus ídolos, Messi, Xavi, Iniesta, Puyol... Así es la vida.

Pero el título de este capítulo tiene más miga. Hace cinco días, recibí en mi web un correo electrónico muy especial. Lo remitía Elisabeth. ¿Y quién es? Pues una persona que conocí en el año 1974 en Viena. Yo tenía 20 años y ella 15. Nos enamoramos y me quedé a vivir unas semanas en su casa. Luego tuve que volver y las circunstancias y fundamentalmente la distancia y la edad nos separaron. Pasé muchos meses tratando de volver a ella, pero mis padres y especialmente los suyos nos «ayudaron» a separarnos. Traté durante unos meses de recuperarla, pero fue en vano. Elisabeth fue un pedacito intenso de mi juventud. Ahora, treinta y cinco años después, viene a Barcelona y trata de localizarme por internet y allí aparezco yo. Me escribe, le respondo y nos encontramos en Barcelona. Ella es una mujer de 50 años, bella, culta, arquitecta y madre de seis hijos, pero ¡acaba de ser abuela! Yo le cuento que si Dios quiere lo seré pronto. Han pasado treinta y cinco años y me parece que fue ayer cuando éramos unos adolescentes enamorados. Nuestras vidas han transcurrido por vías distintas, en países diferentes y somos felices con nuestras respectivas familias que hemos formado y queremos con locura. Ahora nos hemos vuelto a encontrar. Cuando nos conocimos, ambos éramos nietos y ahora somos abuelos. Ha sido emocionante verla y estar con ella. He recuperado a una persona que tuvo un paso fugaz pero intenso en mi vida. Ahora tengo una buena amiga en Viena y ella un buen amigo en Barcelona y ambos somos abuelos...

Ésta es la historia de la vida. Es como una carrera en la que a medida que transcurren los años, la velocidad aumenta y el horizonte del fin parece que se acerca.

Soy feliz pero me asusta el paso del tiempo, no tanto por la muerte, sino porque soy feliz viviendo y necesitaría mil vidas como ésta. *Carpe diem.*

# 11

## El ejemplo de nuestros abuelos

*Prefería pasarlo mal él a que
lo pasáramos nosotros.*

Cuando uno va madurando la idea de ser abuelo, uno de los primeros ejercicios que suele hacer es buscar referentes y qué mejor que los tuyos, incluyendo tus padres, que también fueron o son abuelos.

De mis abuelos he hablado y escrito mucho, de lo que representaron en mi vida, en especial en mi juventud y desde luego ahora en perspectiva puedo confirmar que cada uno de ellos me enseñó cosas, todas distintas pero que sin duda alguna ayudaron a forjar mi personalidad y realmente lo compruebo cada día. Pero ahora querría referirme a mis padres, que son los abuelos de nuestros hijos. *L'avi* Gabriel y *l'àvia* Eli.

Tan distintos y tan complementarios a la vez. Estuvieron juntos hasta que el Alzheimer de mi padre les separó. Así, en armonía, las parejas suelen funcionar muy bien y las familias lo mimetizan. Como padres fueron un diez y ¡como abuelos un veinte! Cuando Cris y yo nos casamos, no teníamos nada, y nada significa NADA, más que un profundo amor mutuo.

Nuestra economía era paupérrima y no llegábamos a fin de mes. Además, todo ello en medio de la importantísima crisis económica de la segunda mitad de los años setenta. Nuestros padres, aún no abuelos, por razones distintas lo estaban pasando económicamente mal y por ello poco podían hacer como refugio económico, pues también tenían serios problemas. Los padres de Cris porque son diez hermanos y los míos porque la empresa textil que tenían estaba haciendo aguas por todos lados. En fin, poco alentador, pero cuando te quieres y has decidido que vas a por todas, sueles conseguir lo que te propongas. No obstante todo ello, su ayuda en el más amplio sentido de la palabra fue esencial.

Mi padre, una bellísima persona, siempre trataba de ayudarnos. Como veía que económicamente no llegábamos, nos prestaba dinero a pesar de que ellos lo estaban pasando francamente mal, pero así podíamos «ir tirando». Él, que siempre había estado a mi lado y creo que había reflejado sus ilusiones en mí, supongo que como todo padre, estaba siempre pendiente de nosotros y sufría si nos veía apurados. Prefería pasarlo mal él a que lo pasáramos nosotros. Además, mi padre era el eje de la familia, hacía todo cuanto estuviera en sus manos para mantenernos a todos unidos. Cuando nacieron nuestros hijos, especialmente Gaby y Álex, allí estaba él. Con Gaby, feliz, pues era un nuevo Gabriel Masfurroll, y para él esto era importante.

El nacimiento de Álex y todo lo que comportó fue duro, pero allí estaba él también otra vez, esta vez a «las duras». Con su enorme bondad y afecto, que es lo que más nos ayudaba; saber que le teníamos allí a su lado. Cuando murió Álex, no teníamos dinero para pagar el entierro y él, sin decir nada a nadie, lo pagó y alivió un poco la tragedia que no sabíamos cómo asimilar. Mi madre, totalmente distinta, probablemente más dura, empresaria, pragmática y enérgica, también estaba allí pero de otra manera. En la discreción, pero a la vez en la acción. Cuando la necesitábamos nunca fallaba. Nos ayudó a aprender a ser padres, luego con Álex y también con Paola en sus respectivas enfermedades y la complejidad de sus problemas. Ella, a pesar de sus compromisos empresariales y las enormes dificultades con que tuvo que lidiar prácticamente sola cuando falleció mi padre, tuvo arrestos para hacer enormes huecos y ser una abuela imponente. No sé qué hubiéramos hecho sin ella. Allí estaba siempre, ayudando. Paola ha pasado muchos años durmiendo muchas noches en casa de su abuela (son tal para cual) y ahora al entrar en la adolescencia se separaron un poco, pero ahora que Paola ya se ha convertido en toda una mujer, vuelven al mano a mano y se llevan muy bien.

Es curioso cómo los oficios más importantes de nuestras vidas, ser padres, ser abuelos, los aprendemos así, sobre el terreno. No deja de ser una paradoja, ¿verdad?

Ayer mientras hacía mi sesión diaria de periódicos, llego y leo una entrevista firmada por Cristina Cubero con un deportista admirado en todo el mundo y muy querido en nuestra familia, Leo Messi. Hasta ahí, ninguna novedad, pues un personaje que tiene seis millones de búsquedas en Google, que aparezca en un medio, es normal. Vaya, lo anormal es que no aparezca, pero lo sorprendente, una vez más, es cuando en la entrevista y en titulares Leo le dice a Cristina Cubero: «Abuela Celia que estás en el cielo. —Y sigue—: Pienso mucho en ella. Me hubiera gustado tanto que estuviera en la grada viéndome, disfrutando» (se refiere al partido que Argentina va a jugar en Rosario contra Brasil para la clasificación del campeonato del mundo). A su vez, Leo recuerda: «Ella nos daba todos los caprichos —sigue diciendo de su abuela Celia—. Los primos nos peleábamos por dormir en su casa, nos mimaba a todos. No te puedo decir algo especial, era todo, su carácter, cómo nos mimaba, cómo nos quería. Hacía de todo para que tuviéramos lo mejor, para que no nos faltara nada. Le dedico mis goles y mis triunfos y me da rabia que no esté aquí para verme triunfar. Me vio sorteándola a ella, a una silla, pero no me vio triunfar. La habría llevado a Barcelona.»

Estas palabras sencillas y tremendamente sentidas de Leo expresan de forma clara e íntima lo que es un abuelo y así quiero ser yo.

# 12

# Alzheimer

*Para nuestros hijos, sus abuelos*
*son muy especiales.*

Resulta que hoy, día 21 de septiembre, es el Día Mundial del Alzheimer. Mi padre, como he contado muchas veces, nos dejó antes de tiempo afectado por esta maldita y traicionera enfermedad que lo atrapó relativamente joven y le impidió disfrutar de sus hijos y especialmente de sus nietos, a los que sentía como propios. A nosotros nos impidió disfrutar de su bondad, de su enorme cariño y de su devoción por los suyos; para él, los mejores en todo, aunque no fuera así. Le echo tanto de menos...

Ayer celebramos en casa el cumpleaños de Cris, mi esposa, y Gaby, nuestro hijo Gaby. Estábamos todos y, cómo no, nuestros dos abuelos. Ellos, *l'àvia* Eli y *l'avi* Tonet, lo pasaron la mar de bien. Comieron como leones y agotaron el cava. Ni que decir del pastel de cumpleaños. Ellos dos ahí estaban, sentados y felices, escuchando y mirando con orgullo a los suyos, a sus hijos y sus nietos. Sólo verles y mirar sus ojos, aún muy vivos, y con ello descubrir su enorme ilusión por la vida.

Para nuestros hijos, sus abuelos son muy especiales. Cada uno a su manera, aunque los dos son personas alegres y optimistas que irradian a los suyos. *L'avi* cada jueves reúne a sus nietos, los que quieran, en su casa para almorzar. Allí siempre hay ocho o diez nietos. Los macarrones, especialidad de la casa, son una delicia y allí comparten y departen sus historias, proyectos y demás. *L'avi* los mira, que no escucha, porque no oye muy bien, con enorme felicidad. *L'àvia* Eli es distinta, a ella lo que más le gusta es tenerlos en casa y que duerman con ella. Todos han pasado por su casa y siguen. Los viernes es el día. Ahora cuando algunos como Paola y Gaby ya no van los viernes, por razones obvias pues ya son mayores, se llaman frecuentemente y hacen actividades conjuntas. Paola y mi madre son compañeras de compras y lo pasan bárbaro. Los hijos de mi hermana Eli, Ricard y Oriol, aún siguen yendo los viernes y duermen en la cama de *l'àvia* (ojo, esto no lo divulguen, pues ¡es un secreto!).

Esto y mucho más es ser abuelo. ¿No les parece especial y entrañable? Lo he vivido durante muchos años y ahora que pronto me tocará a mí lo estoy descubriendo y aprendiendo a marchas forzadas.

# 13

## La armonía

*El abuelo en estos casos suele intermediar
porque ya lo ha vivido y además actúa como
colega del nieto y facilitador ante el padre,
que es a la vez su hijo...*

Cuando yo era un niño, la figura del padre era la del héroe y la del abuelo, la de aquel señor mayor que a veces refunfuñaba y muchas más te cuidaba y te mimaba. Luego, de adolescente, tu padre era con quien a veces rozabas pero debías cumplir sus reglas incluso a regañadientes, pues era el jefe. Tu abuelo era aquel que se las saltaba y te daba más libertad permitiéndote ciertas concesiones de forma furtiva ante la rigidez paterna. Era como la válvula de escape. Ya cuando inicias la emancipación, tu padre es aquel que aún no ha entendido que ya no eres niño y puedes tomar tus propias decisiones, y ahí se producen a veces encontronazos importantes. El abuelo en estos casos suele intermediar porque ya lo ha vivido y además actúa como colega del nieto y facilitador ante el padre, que es a la vez su hijo...
Cuando empiezas a consolidar tu vida como adulto, tu padre se convierte en tu mejor consejero y ahí está siempre,

para lo que sea. Tu abuelo empieza a ser mayor y necesita tu cariño, compañía y apoyo. Cuando tú ya eres padre y tus hijos adolescentes, con tu padre os convertís en compañeros de fatigas y consejeros mutuos. Es decir, la balanza se equilibra y os ayudáis mutuamente. El abuelo a veces ya no está. Y le recuerdas, le recuerdas, le recuerdas...

Cuando tus hijos ya son adultos, tu padre necesita tu ayuda más que tú la suya. El abuelo definitivamente no está o ya es bisabuelo, otra nueva profesión, y a veces sólo las fotos y ahora los vídeos nos lo recuerdan. Cuando tu padre, ya convertido en abuelo, fallece algún día, entonces te das cuenta de todo lo que ha significado y significa para ti y los tuyos. Y piensas: «Ojalá mi padre estuviera aquí para aconsejarme, tenerle a mi lado, y pudiera disfrutar y ver su descendencia, su familia.» Ésta es, a grandes rasgos y con derivadas de todo tipo, la evolución y estructura familiar natural del ser humano en el mundo occidental, especialmente el europeo. En otras áreas geográficas, quizá, bajo nuestro punto de vista, menos desarrolladas económica y socialmente pero con más arraigadas raíces y valores. En estos ámbitos, la figura del abuelo es intocable y de enorme respeto y ejemplaridad para todos los suyos. Aquí, los occidentales estamos tan ocupados y ajetreados por nuestra propia vida que nos olvidamos de nuestras verdaderas raíces.

Es curioso comprobar cómo a medida que pasa el tiempo te vas adaptando y vas adoptando nuevos roles casi sin darte cuenta pero sí influido por las circunstancias. Ahora, ante esta nueva y tan especial etapa de mi vida, analizo muchas de las decisiones que he ido tomando y compruebo cómo en todas ellas el factor edad/madurez, entorno, así como el riesgo asumido ha ido cambiando a lo largo de los años.

Cuando eres joven, la sensación de peligro es mucho menor y sólo tus mayores pueden advertirte y aconsejarte en la toma de decisiones. Cuando ya eres mayor, te vuelves más escéptico, conservador y con cierto respeto al riesgo. Es ahí cuando especialmente los tuyos te aconsejan en las decisiones. Es la ley de la armonía, la balanza. Es por esto que un nieto/a y un abuelo/a suelen llevarse muy bien y congeniar muchísimo. Son relaciones muy especiales que dejan huellas muy profundas y es por ello que debemos preservarlas y potenciarlas, porque son un eje pedagógico más importante de lo que parece.

Ahora que en las parejas trabajan ambos, el rol de los abuelos se incrementa, pero mi duda estriba en que se desvirtúa, pues pasan de ser abuelos a segundos padres. En mi humilde opinión, devalúa el papel del abuelo en la dimensión que merece.

# 14

## Los otros abuelos

*Somos conscientes de que se parece a ser padres,*
*pero no es igual.*

Este fin de semana nos hemos juntado con nuestros consuegros, Paco y Catiana. Ambos son médicos. Paco, un gran internista en el Clínic de Barcelona y ahora también en nuestro hospital de Mallorca, la USP Clínica Palmaplanas. Paco es un médico a la vieja usanza, de la escuela del gran Pedro Pons, un «crack». Catiana, anestesista convertida al mundo de la gestión en el Clínic pero también asesorando a USP, especialmente en Baleares y ayudando mucho a la Fundación Álex. Ella es un torbellino. Inteligente, lista, habladora sin fin, hiperactiva, y nunca acabaría de colocarle adjetivos calificativos...

Sólo decir que me puede y esto ya es un signo importante de lo que es. Ya veis, es mi cruz, aparecen médicos en todas las facetas de mi vida. Aunque no me mueva en el mundo sanitario, no sé por qué, siempre aparecen médicos y más médicos. ¿Será que tengo un imán?

Pues bien, a lo que iba. Hemos pasado un fin de semana alegre y feliz en el Empordà con nuestros consuegros, «los otros abuelos» de esta bella historia. Ellos están felices y emocionados también. Realmente nos asaltan las sensaciones, sentimientos y deseos. No sabemos exactamente qué nos pasa y cómo actuaremos, pero soñamos. Somos conscientes de que se parece a ser padres, pero no es igual. Acostumbrados a intervenir, a tomar decisiones, debemos aprender a ayudar, apoyar, aconsejar, pero jamás decidir por nuestra cuenta sin el beneplácito de nuestros hijos, a no ser que ellos no estén o no puedan por cualquier circunstancia.

Ésta va a ser una de las grandes lecciones que debemos aprender. Es importante que lo hagamos bien. Podemos aconsejar o influir pero siempre con afán pedagógico, no por interés propio, que podría ser muy lógico y humano pero que ahora no toca.

También somos conscientes, y lo comentábamos con Cris estos días, que ya nos imaginamos haciendo actividades con el retoño. Cris bromeaba diciéndome que ya me ve en el Barça con él o nadando en el mar como hacía con Gaby, Álex y Paola. Y tantas y tantas cosas más, y la verdad es que me apetece. De hecho, estoy tratando de hacerle socio ya, je, je, je...

Realmente me está sucediendo algo que jamás me había ocurrido y es que empiezo a sentirme distinto. Mi visión del futuro está cambiando. Mis planes ya no son como eran hace unos años. Tengo la sensación de que estamos en unos años muy, muy especiales, espléndidos, en donde la madurez que hemos adquirido durante toda nuestra vida junto con la juventud que tenemos, deben permitirnos disfrutar al máximo, con plenitud, estos años.

Además de ejercer de otras cosas, tendremos la suerte de aprender un oficio muy especial: ser abuelos. Y esto es un reto que no nos queremos perder pues es de lo mejor que nos puede ocurrir. Sí debo decir que nos vamos a aplicar al máximo y lo haremos tan bien como seamos capaces. Mientras, sigo, seguimos aprendiendo con fruición.

# 15

## Será niño

*Otro arcángel que llega.*

Hoy 23 de septiembre me ha llamado mi hijo para informarme de que vamos a ser abuelos de un churumbel y que va a ser un nuevo Gaby Masfurroll, el cuarto de la saga Masfurroll y el quinto Gabriel de la familia. Otro arcángel que llega.

Además, para confirmarlo, nuestra nuera Catiana nos acaba de enviar un correo electrónico que dice lo siguiente:

¡Hola!
Os adjunto de nuevo la «eco» del bebé, que así creo que se ve mejor (si somos pesaditos decídnoslo, ¿vale?)
—En «Bebé 1» se puede ver la carita, la mano y el pie, por este orden;
—En «Bebé 2» se puede ver, con imaginación, la pierna, el «pito» entre las dos piernas y el corazón, también por este orden; y
—En «Bebé 3» se puede ver el funcionamiento del

corazón, la carita del bebé otra vez y el «pito» ampliado, para disfrute del papá, ji, ji, ji...

¡Besitos a todos!

Bueno, como podéis ver, está muy claro. Pues tan pronto he recibido la noticia, ¿sabéis qué he hecho? Pues me he ido al estadio del Barça a comprar regalos para el bebé.

¡Y le he comprado de todo! Un equipo completo con camiseta, pantalón y calcetines. En la camiseta pone «Gaby 10». ¿Por qué «10»? Porque, si Dios quiere, nacerá en el año 2010. También un biberón, unos chupetes, todo del Barça. Un muñeco que canta el himno y un colgante para la cuna con una luna del Barça. Y, por supuesto, también un balón. Ahora le acabo de pedir a Leo Messi que me lo firme. Éste es un regalo especial. Espero que siga la saga futbolística de su bisabuelo, abuelo, padre y también su tía Paola, que es la más fan de todos.

En fin, que es un paso más del proceso de conversión a abuelo, *avi*, *nono*, o lo que sea. Pero lo cierto es que ya estoy imaginando mil cosas y actividades con él. Es curioso, pero a medida que avanzan los meses, mi forma de sentir, de pensar, de planificar, se va transformando. Impresionante. Estoy feliz.

# 16

## Síndrome de Down

*Es su vida y ellos son ya maduros y capaces*
*de tomar sus decisiones.*

Gaby y Catiana han llevado, y siguen haciéndolo, con suma discreción e intimidad todo lo referente a su embarazo. Uno de los temas importantes del mismo es la posible detección de malformaciones del feto. La explicación es obvia, pues por antecedentes familiares, hay que tenerlo en cuenta. Álex, nuestro segundo hijo y hermano de Gaby, que falleció con 3 años por un paro cardiaco, nació afectado por el síndrome de Down. Por lo tanto, es un antecedente suficientemente importante para estar atentos.

Pues bien, tanto Cris como yo, como creo que también los padres de Catiana, ambos médicos, les hicimos en su día nuestras reflexiones y les dimos los consejos que creímos oportunos. Nos escucharon con suma atención y desde entonces sólo unos días después de anunciarnos el feliz embarazo, nos dijeron que no nos preocupáramos, que ellos tenían todo bien claro. Desde aquel momento jamás hemos vuelto a preguntar. Es su vida y ellos son ya maduros y capaces de tomar sus decisiones. Esta reacción denota una enorme madurez no exenta de miedo y angustias, y más en el primer embarazo, pero lo están llevando con enorme serenidad y control.

Yo personalmente me siento muy orgulloso, pues noto cómo hemos sido capaces de enseñarles con el ejemplo y ellos de aprender, pues están actuando con enorme serenidad y sin aspavientos.

Todo esto, dicho así, parece fácil, pero no lo es y menos para una pareja joven que empieza y a la que los miedos a lo desconocido de todo tipo, seguro que les asaltan frecuentemente. También es cierto que a medida que avanza el embarazo, todos, incluso yo, vamos tomando conciencia en positivo de que una nueva etapa muy distinta pero muy reconfortante está llegando a nuestras vidas, y esto es un halo de aire fresco que nos reconforta y nos ilusiona.

# 17

# San Gabriel

*Que la saga de los «Gabrieles» aumentara a cinco*
*y la de los Gabriel Masfurroll a cuatro...*

El 29 de septiembre es la festividad de San Gabriel Arcángel; además resulta que es el patrón de los medios de comunicación. ¿Será por ello que me gusta tanto la comunicación? Este día, cada año, los «Gabrieles» de la familia celebramos juntos nuestro santo, nos felicitamos y recibimos también durante todo el día innumerables enhorabuenas de personas cercanas y queridas.

Este año, muchos amigos nos han felicitado ya por partida triple pues ha corrido la voz de que otro Gaby está en camino y que la saga de los «Gabrieles» aumentará a cinco y la de los Gabriel Masfurroll a cuatro. La realidad es que nos hace mucha ilusión.

Sé que puede parecer una ridiculez, algunos lo pensarán. «Ladran, luego cabalgamos», que decía Don Quijote. Dirán que no tiene sentido y que es como tratar de perpetuarse a uno mismo, quizá condicionando de entrada el futuro del recién llegado. Lo respeto. Para nosotros es una tradición y un homenaje a mi padre, que nos dejó joven y que seguro que ahora sería el hombre más feliz y orgulloso del mundo al verse prolongado por el que, si Dios quiere, será su biznieto, Gaby IV.

Quien sí está emocionada es mi madre, y a nosotros nos ilusiona verla bien y feliz pues sé que para ella, aunque no lo diga, es una enorme satisfacción ver que «la saga» sigue.

El «peke» ya tiene todo lo del Barça. El otro día fui a la tienda del Barça y arrasé. Mi nuera casi me echa cuando nos vio llegar a Paola y a mí con el Barça a cuestas. Además, Leo Messi, querido amigo, le ha firmado un balón y la camiseta con un «para Gabito con cariño». Genial, ¡el mejor jugador del mundo! Yo estoy feliz. Otro Gaby con el que compartir mis aficiones y las enseñanzas que me transmitió mi padre.

Papá, allá donde estés, sólo que sepas que fuiste un ejemplo y que siempre te tendremos con nosotros. Tu biznieto no te conocerá pero sí tus valores, tu bondad que sin duda ha heredado tu nieto y futuro padre y, por supuesto, tu «culerismo». No te quepa la menor duda de que Gabito será culé desde el día que nazca. Además, parece que Gabito habrá nacido en la era de un equipo que será histórico en la historia del Barça. Messi, Xavi, Iniesta, Puyol, Piqué, Bojan, Alves, Valdés, Pedro, Keita, Villa, etc. También decir que el 2010 va a ser el año del nacimiento y en su nueva camiseta lleva el 10, número mítico junto con su nombre: GABY. Caramba, ¡vaya presión!

¿Qué más puedo decir? Que Catiana está mejor, que se cuida, está guapísima y que Gaby III la mima muchísimo. ¿Qué más se puede pedir?

# 18

## Conversaciones con Álex Rovira

*«Pues te cedo y regalo este título porque escribí*
*hace un tiempo un artículo sobre los abuelos*
*en* El País, *con este encabezamiento.»*

Hoy ha sido un día muy especial. Por avatares profesionales, he coincidido en un almuerzo con Álex Rovira, uno de los coautores de *El libro de la buena suerte* cuyas ventas han alcanzado los cuatro millones de ejemplares. ¡En cuarenta y un idiomas distintos!

Álex y otros amigos han almorzado conmigo en un querido restaurante, L'Indret, donde Juan Cárdenas siempre nos cuida con esmero. En la mesa de al lado, Luis Foix, de *La Vanguardia*, con mi querido amigo y socio Felip Massot. Enfrente, Sandro Rosell y otra gente. Vaya, rodeado de amigos por todas partes.

El motivo del almuerzo es que este año queremos incluir en el regalo navideño de USP Hospitales, en esta ocasión dedicado con mucha originalidad al «*pa amb tomàquet*» catalán, el libro de Álex titulado *Palabras que curan*.

A lo largo del almuerzo han salido numerosos temas

de interés común que han sido un perfecto punto de unión para ambos. Debo reconocer que ha sido una comida, mejor dicho, un encuentro excitante intelectualmente hablando y muy reconfortante. Descubrir a personas como Álex es algo que merece la pena. Durante el almuerzo, le he contado a Álex que iba a ser abuelo, pues si debo ser sincero es algo de lo que presumo cada día más y pregono sin rubor a los cuatro vientos. Qué quieren que les diga, me ilusiona enormemente. A raíz de ello y no sin algo de rubor ante un magnífico escritor, me he atrevido a contarle que estaba escribiendo un libro que pensaba titular *Aprender a ser abuelo*. Álex se ha sorprendido y me ha dicho que le parecía genial la idea. Es más, me ha animado a seguir.

Hemos hablado mucho rato de la figura y de la importancia de los abuelos. Ha sido un verdadero *brainstorming*. Es más, Álex (no podía llamarse de otra manera) se ha lanzado a ponerle título al libro y me ha sugerido que el título inicialmente previsto pasara a subtítulo *(Aprender a ser abuelo)* y lo titulara, *Querido abuelo, querida abuela*. Me ha explicado el porqué y me ha convencido. Pues bien, una vez que le he dicho que sí, me suelta: «Pues te cedo y regalo este título porque escribí hace un tiempo un artículo sobre los abuelos en *El País*, con este encabezamiento.» Ahí me quedo como un pasmarote. Me dice que me lo enviará para que lo lea. Ahora resulta que también le interesa el tema. Reacciono con rapidez como no podía ser menos y le pregunto si me haría el prólogo. Su respuesta es igual de rápida y no es otra que sí, que encantado. Pues bien, en una conversación hemos fraguado un libro. Empezamos a hablar todos del mercado potencial y las posibilidades de comercialización. Miro en el fragor de la conversación a Álex y veo cómo sus ojos brillan. ¡Vamos por buen camino! El libro ya está arrancado y llevo escritos diecisiete capítulos. Pienso terminarlo en verano. Creo que será interesante. Estoy feliz pues creo que va a cuajar. ¡Me encanta escribir!

Finalmente, el título de Álex no se podría utilizar, pues estaba tomado por otro autor. Sigo pues con el inicial, *Aprender a ser abuelo*, no sin antes transcribir aquí el mencionado artículo de Álex publicado en 2005 en *El País*, que para mí es un lujo incluir en este libro.

### Querida abuela, querido abuelo

No constan en las estadísticas de empleo ni reciben el reconocimiento que merecen, pero gracias a su generosidad y entrega miles de hogares españoles pueden llegar a fin de mes. Su trabajo genera un alto valor añadido económico y social, y son uno de los mayores activos de cohesión familiar, transmisión de experiencia y generación de riqueza de los que disponemos. Muchas veces por necesidad, otras por comodidad de sus hijos, las abuelas y abuelos de nuestro país son un pilar fundamental en el proceso de convertir en personas a sus nietos. Es necesario reconocer su esfuerzo. Hagamos un breve repaso a la calidad y cantidad de valor que generan:

*Sostén de la economía.* En España hay más de siete millones de personas mayores de 65 años. De ellas, casi cinco millones participan o han participado en algún momento del cuidado de sus nietos. En algunos casos se trata de una tarea a jornada completa que implica el desarrollo de funciones tan indispensables como la preparación de comidas, el acompañamiento y recogida del colegio, el entretenimiento por la tarde, la atención nocturna en caso de enfermedad, la gestión del hogar de sus hijos (limpieza, compras...), la confección y cuidado de prendas de vestir y del hogar, e incluso —según fuentes oficiales— tareas de construcción o renovación del hogar o de mantenimiento y reparación de vehículos.

Sólo en España, el valor del trabajo de las abuelas y abuelos se calcula en cifras astronómicas, y no es ningún disparate afirmar que sin ellos la economía sufriría un descalabro, porque cerca del 20 % de las mujeres que trabajan fuera del hogar declaran que no podrían hacerlo si no fuera por la ayuda que reciben de sus padres. Ayudas que se reciben a diario, en vacaciones, cuando los niños están enfermos o cuando los propios padres están de baja. A ese 20 % de familias en las que la abuela o el abuelo son indispensables se debería añadir casi un 80% de hogares que cuentan esporádica o regularmente con su ayuda en todo tipo de tareas.

En definitiva, nuestras abuelas y abuelos, los que vemos en la calle o en el parque con sus nietas y nietos, son un apoyo fundamental en un entorno donde cada vez es más habitual que ambos miembros de la pareja trabajen arduamente para pagar una hipoteca a 30 años y otros tantos gastos que ponen difícil llegar a fin de mes.

*Transmisores de conocimiento.* Y todo ello porque son activos, inquietos, solidarios, comprometidos, pacientes y una fuente inagotable de cariño, cuidados, educación y seguridad, lo que los convierte en uno de los mejores modelos de referencia para sus nietos. Gracias a la entrega y paciencia que sólo el amor es capaz de generar, enseñan a sus nietos a leer, contar o escribir; les acompañan en sus deberes, y les transmiten sus propias habilidades, conocimientos, oficios o aficiones.

Son además los guardianes de la memoria familiar, ya que las raíces, los orígenes, las aventuras de los ancestros y todo aquello que nos hace ser lo que somos se mantiene y se transmite gracias al relato de la abuela y el abuelo. De este modo, los pequeños toman conciencia del valor de la familia, del vínculo, de la alteridad, de su pasado y de su identidad.

Su disponibilidad y paciencia ayudan a que los pequeños encuentren espacios de descompresión en una sociedad devorada por la prisa, el estrés y la ansiedad, en la que la pastilla o el mando a distancia parece que todo lo pueden. Abuelas y abuelos brindan en muchos casos un espacio en el que aprender con calma las tablas de multiplicar, cómo atarse los cordones del zapato, normas de urbanidad, cuentos, juegos, canciones, refranes y adivinanzas que jamás debemos olvidar..., o cómo se prepara una sabrosa tarta. Lecciones que no se olvidan.

*Ternura y apoyo.* También en determinados casos, en los que las dificultades o las crisis personales o profesionales afectan a la vida de los padres y la situación dramática se impone, los abuelos pueden llegar a ocupar por completo el lugar y funciones de aquéllos. La ternura y el cariño de los abuelos forma muy a menudo parte de los cimientos más sólidos sobre los que se elevará la personalidad de la pequeña o el pequeño, dándole estabilidad emocional y referentes en momentos futuros en los que la adversidad pueda hacer aparición. Su experiencia y su perspectiva aporta a menudo el oxígeno necesario a la visión distinta que impone la rutina en la que sus padres se mueven presurosos para cumplir sus obligaciones.

Brindan además tiempo para el diálogo, la confidencia, el juego y el desarrollo de la imaginación. Incluso son ellos quienes le dan a su nieto los mejores recuerdos y anécdotas sobre la vida de sus propios padres, y hacen que el pequeño vea en su padre y en su madre al niño y la niña que ellos también fueron.

*En el mundo.* En un África devastada por la injusticia ante la mirada ausente de los países desarrollados, en la que millones de adultos son víctimas del sida, las abuelas son quienes cuidan de sus hijos enfermos en su hogar y las que se hacen cargo de los pequeños huérfanos cuando sus padres fallecen. Hoy, 14 millones de niños menores de 15 años viven en África en estas condiciones.

Además, en muchos países desarrollados y con fuerte implantación del voluntariado, como es el caso de España, el cuidado de personas dependientes y enfermas (de todas las edades) es en su mayoría llevado a cabo por personas mayores (especialmente mujeres).

Su función se considera tan necesaria por aquellos que por desgracia no disponen de su presencia que, por ejemplo en el Reino Unido, hay varias asociaciones que buscan a personas mayores de 65 años para poder ser contratadas por familias que desean que sus hijas e hijos cuenten con abuelos de adopción. Así, los pequeños y jóvenes pueden contar con una figura necesaria, y tan deseada por ellos como por sus padres.

En Estados Unidos hay padres de familia que pagan una asignación periódica a los abuelos por las tareas de cuidado de sus hijos como un reconocimiento a su labor de cohesión y estructura del hogar.

*Vejez y desarrollo.* Uno de los argumentos que oímos de manera habitual en debates, tertulias, boletines informativos o en la prensa es el significativo coste que representa el sistema de pensiones, así como la atención sanitaria a las personas mayores. Pocas veces se inicia el debate poniendo en valor que, gracias a ellos y a sus cotizaciones del pasado, el sistema de hoy puede soportar las cargas. Además, los recursos económicos que reciben de la Seguridad Social son la contraprestación necesaria y justa a los impuestos y cotizaciones de toda una vida de trabajo. Conviene no obviar, además, que en los últimos años se ha producido una fuerte inversión en servicios para personas mayores que van desde el turismo, especialmente en épocas de baja demanda de visitantes procedentes del extranjero (con todos los servicios derivados que ello genera: hostelería, ocio, viajes, actividades culturales...) hasta la salud (gimnasios, balnearios...), pasando por la oferta de alojamiento y servicios derivados, que incluye desde los centros residenciales a las nuevas ofertas: viviendas autónomas con todo tipo de servicios complementarios de asistencia. En todos los casos se trata de sectores que requieren de abundante mano de obra, y, por tanto, son importantes generadores de empleo y riqueza.

La declaración de Brasilia sobre el envejecimiento saludable, redactada por la Organización Mundial de la Salud (OMS) en 1996, establece lo siguiente: «El envejecimiento está ligado al desarrollo. Las personas mayores saludables son un recurso para sus familias, sus comunidades y la economía.» Y sin duda, así es.

Es perverso que la sociedad considere que una persona con más de 65 años ya no es útil. Esta estúpida creencia nace del hecho de que la experiencia esté perdiendo valor, cuando es un elemento fundamental para el desarrollo social que antaño se valoraba como algo sagrado. Experiencia que supone conocimiento, sabiduría, afecto, vínculos, alteridad, pasado necesario y esperanza para el futuro. Una experiencia que no tiene precio porque su valor es infinito; el valor que nos hace ser humanos, el valor del amor de nuestros abuelos.

## Mayores cada vez más sanos y activos

Existe el tópico de que las personas mayores son una carga para la sociedad, cuando la realidad es que en España son una minoría en términos relativos las personas mayores que requieren asistencia, ya que por lo general el deterioro de habilidades funcionales se manifiesta casi siempre a partir de los 80 años. Los avances médicos y la mejora de la calidad de vida hacen que cada vez sean más las personas mayores con buena salud hasta una edad muy avanzada y, consecuentemente, con una gran autonomía en sus últimos años de vida. Por este motivo, son muchos los expertos que sostienen que el nivel de grandes discapacidades entre las personas mayores está disminuyendo de manera significativa y sostenida en el tiempo. Muchos de los que hoy leemos estas páginas, padres de jóvenes, niños y bebés, seremos dentro de 30 años abuelas y abuelos que supondremos casi un tercio de la población total de nuestro país, 13 millones de personas en España, a las que habrá que sumar más de 1.500 millones de personas de 70 años en todo el mundo. Un mundo en el que, según la OMS, las personas mayores desempeñarán un papel cada vez más importante: a través del trabajo voluntario, transmitiendo su experiencia y conocimientos, cuidando a sus familias y con una creciente participación en la fuerza laboral no remunerada.

ÀLEX ROVIRA

# 19

## Por fin la barriga

*Somos descendientes de santo Tomás y al ver la preciosa barriga de Catianita, tuve una sensación muy especial. Sí, ahí estaba nuestro nieto.*

Hace pocos días, comprobé en vivo y en directo que el embarazo es un hecho ya visible y más que apreciable. ¡Claro que había visto las ecografías! Claro que los análisis confirmaban que todo estaba bien, el bebé estaba controlado y en parámetros normales, pero somos descendientes de santo Tomás y al ver la preciosa barriga de Catianita, tuve una sensación muy especial. Sí, ahí estaba nuestro nieto. Toqué la barriga a la espera de sentir alguna patada, algún movimiento, pero la verdad es que no, aunque me gustaría decir que sí.

Lo que sí es cierto y no va en broma es que me acerqué tanto como pude a la barriga de Catiana, decidido a empezar a sofronizar al bebé. Se preguntarán cómo, ¿verdad? Pues les cuento: ¡le canté el himno del Barça! Y vaya, hasta creo que noté una reacción instantánea, como si aplaudiera, pero no puedo afirmarlo con rotundidad, je, je, je.

La verdad es que son momentos especiales que se convierten en inolvidables. Veo a Catiana y a Gaby mucho más maduros y se les nota. Es curioso cómo la naturaleza es tan sabia.

Pocos días más tarde daba una conferencia a la que me habían invitado y no me digan por qué, ni cómo, pero de golpe, en medio de mi discurso, se me ocurrió explicar que iba a ser abuelo. No me pregunten por qué, pues soy muy anárquico y decido hacerlo así, de golpe. Creí que era una buena idea. No tenía nada que ver con mi *speech*, pero ahí lo metí, con calzador, eso sí, con orgullo y satisfacción. Y me quedé tan pancho.

Pues bien, esta muestra de transparencia y accesibilidad le dio un cariz especial a la conferencia que convirtió a aquel empresario emprendedor que contaba sus batallitas en un ser humano normal y que tenía su sensibilidad, afectos, cuyo foco no eran tan sólo los negocios y la ambición de éxitos. La verdad es que desde que recibí la noticia de mi futura «abuelidad», debo reconocer que he cambiado y me lo noto mucho. Me siento más tolerante. Mi ambición empieza a caminar por derroteros distintos. Aquella agresividad en el buen sentido que tenía, ha cambiado de enfoque, que no menguado, e incluso mi visión del ser humano se ha transformado del todo y me siento feliz. No necesito nada más y creo que este cambio de mentalidad, de enfocar la vida, viene en parte determinado por mi futuro nuevo estatus, por una preciosa barriga y por su contenido: ¡nuestro futuro nieto!

# 20

## El primer Barça-Madrid
### *Som un clam!*

Hace unos días afrontamos otro partido de los llamados del siglo, es decir, otro Barça-Real Madrid. No obstante, en esta ocasión sí que era especial para nosotros, los Masfurroll. Esta vez me acompañaron al Camp Nou Gaby júnior y su mujer Catiana y, cómo no, también el «súper júnior», aún en la barriguita de su madre. Ahí estaba él, en su primer clásico.

El partido era muy importante. No podíamos perderlo y más con él delante, ya un casi pequeño culé, en el estadio. Eso sí, de oyente y sin poder verlo aún. Aunque el «peke» no disfrutó del partido como nosotros, seguro que palpó el ambiente, percibió la victoria a través de su madre y los saltos de alegría y berridos, nuestros y de los que nos rodeaban.

Fue un partido a cara de perro. El Barça, ganador de todas las competiciones en las que ha participado en 2009, y el Madrid, con sus fichajes rutilantes en los que ha invertido más de 300 millones de euros tratando de compensar el prestigio de su gran rival. Allí fuimos los tres y «medio». Ganó el Barça en un partido reñido y fue allí donde hicimos el primer bautizo blaugrana del futuro bebé.

Gaby IV nos trajo buena suerte. Ganamos por 1 a 0. Fue lo más importante, pues en un día así, no podíamos perder. No fue un gran partido, pero ganamos. Y con el «peke» ahí, esto fue lo mejor.

En estos momentos, ya me imagino llevándolo al campo con la camiseta de Leo Messi, que ya tiene, dedicada y firmada, con el número 10 a la espalda y su nombre.

Realmente, fue un día especial en mi vida que jamás olvidaré y espero que si este libro se publica algún día y él llega a leerlo, sepa cómo se forjó su barcelonismo, al igual que su tatarabuelo Ventura, su bisabuelo Gabriel, yo, que soy su abuelo, y su padre, todos culés hasta la médula. Hemos creado una saga Masfurroll muy culé. Cinco generaciones nos contemplan y nos sentimos orgullosos. Ojalá algún día él pueda hacer lo mismo con sus hijos. Yo como abuelo me sentiré feliz y orgulloso.

## 21

## La Copa Davis y el primer *drive* de Gaby «peke»

*Supongo que en aquel entorno de nervios*
*y euforia tan impresionante como era*
*el Palau Sant Jordi, se creó el clímax para que*
*el bebé estuviera igual de excitado que nosotros.*

Ayer, día 4 de diciembre, fuimos toda la familia a ver la primera jornada de la final de la Copa Davis que se celebró en el Palau Sant Jordi en Barcelona. También nos acompañó Catiana, nuestra nuera, con su barriguita de embarazada de cinco meses y medio. Hasta ahí, nada nuevo, pero lo curioso del caso es que fue este día, durante la competición, cuando por primera vez recibí la primera «patada» de Gabito.

Fue en el partido de Rafa Nadal. De golpe, mi hijo Gaby me dice: «Papá, ¿quieres sentir cómo se mueve el bebé? Pon la mano en la barriga de Catiana y sentirás cómo se mueve.» Y por supuesto ahí estaba el pequeño moviéndose sin parar.

Supongo que en aquel entorno de nervios y euforia tan impresionante como era el Palau Sant Jordi, se creó el clímax para que el bebé estuviera igual de excitado que nosotros apoyando al equipo español, que acabó conquistando su cuarta ensaladera de plata. Allí todos aplaudíamos, animábamos, empujábamos a Rafa y luego a David Ferrer que, con su partido épico, casi decidió la eliminatoria.

Pues bien, allí estaba nuestro «Masfito» dándole al *drive* y al revés en la barriga de Cati y yo emocionado por partida doble. Hasta una pareja que estaba detrás de nosotros se dio cuenta de lo que estábamos haciendo y nos felicitaron efusivamente. Fue un día muy especial que nunca olvidaré.

Aún recuerdo las primeras patadas de nuestros hijos Gaby, Álex y Paola, pero desde hacía veintiún años no sentía tal sensación. Es curioso cómo estas experiencias que parecen olvidadas te devuelven al pasado con enorme rapidez y el tiempo transcurre en segundos por tu mente con una cascada de recuerdos increíbles. Cada día que pasa, ves cómo aquel deseo, aquel sueño, aquella noticia, aquella sensación, aquella percepción y la materialización del milagro humano se va convirtiendo en realidad.

Me siento cada vez más cerca de ser abuelo y voy tomando conciencia de lo que esto representa. Las emociones, los sentimientos y los sueños hacia un ser que no conozco más que por ecografías se va volviendo algo muy especial. Realmente este proceso es algo increíble que me sorprende hasta a mí mismo.

# 22

## Nietos

*El oficio de nieto es a su vez enormemente
estimulante para los abuelos.*

No existirían los abuelos si no existieran los nietos.
Aunque algunos de los lectores de este libro pensaréis:
«Claro está, y al revés.» Es decir, sin nietos no existirían
abuelos. Es obvio, pero no me negarán que ambos, unos
y otros, se necesitan y casi diría que se complementan.

Añadiría también que es bueno, muy bueno, no tan
sólo que nietos y abuelos «lo sean», sino que «ejerzan»
con ilusión. Como ya he dicho en distintas ocasiones, el
oficio de abuelo es muy importante y se ejerce, o mejor
dicho, debe ejercerse con responsabilidad pero siempre
de la mano de los padres. Aunque me atrevería a decir
que con ligeras e inteligentes «licencias» puede llegar a
ser muy positivo para el niño o chico. El oficio de nieto
es a su vez enormemente estimulante para los abuelos. Te
ofrece una nueva etapa que te permite armonizar tus conocimientos, experiencia, tolerancia, paciencia y sabiduría. Todas ellas adquiridas con los años, con un soplo de
aire fresco que de golpe inunda tu vida con la aparición

de un ser nuevo que te rejuvenece, te hace recordar momentos inolvidables, pero a la vez te permite actuar armónicamente, mezclando la ilusión y la alegría de aquel recién llegado, aquel bebé, pequeño e indefenso que llega al seno familiar y cuyos vínculos son extremadamente estrechos de forma inmediata. Te permiten revivir situaciones y vivencias imborrables. A la vez te proporcionan una perspectiva muy distinta y enriquecedora que como padres no seríamos capaces de afrontar ni disfrutar.

Un buen abuelo puede, es más, yo diría que debe aportar a sus nietos, aunque suene paradójico, un cóctel que una la experiencia y el saber vivir con un toque de libertad y tolerancia que a veces los padres, por juventud, inexperiencia, afán de protección y miedo a equivocarse, no pueden, saben o quizá no deben proporcionar. Esta relación a varias bandas, bien llevada y de forma ejemplar entre nietos y abuelos, padres e hijos, es muy edificante y crea una unión familiar indestructible que suele transmitirse de generación en generación. Para ello, los abuelos, aunque parezca mentira, deben convertirse en correa de transmisión y ser punto de encuentro para que la familia esté unida y el ejemplo se replique. Es muy importante que la armonía, el respeto y el cariño no sólo se mantengan sino que se incrementen y es en este momento cuando los padres deben fomentar la relación entre sus hijos y sus padres.

Cuando esto pasa, las familias son mucho mejores y sus miembros, abuelos, padres, nietos (y ya hoy en día gracias al aumento de la esperanza de vida, también los bisabuelos) crean entre ellos una relación tan especial, unos vasos comunicantes tan especiales que nos hacen a todos mucho mejores.

Yo tuve la suerte de tener unos abuelos cercanos, muy

distintos entre ellos, pero cuyas diferencias me permitieron complementar sus conocimientos, lo que sin duda ayudó a que aprendiera mucho de cada uno de ellos y quizá ser quien soy hoy en día, probablemente mejor de lo que habría sido sin ellos. Mis padres fueron a su vez quienes impulsaron esta relación con mis abuelos y esto se lo agradezco de corazón. No fue fácil pues las relaciones familiares suelen ser complejas, pero a pesar de todo y de los problemas que siempre surgen y existen, lo conseguimos y el balance es positivo. Hoy Cris, mi esposa, es la que día a día fomenta, impulsa e insiste en que nuestros hijos sigan en contacto asiduo con sus abuelos, tanto por su parte con su padre, como por la mía con mi madre. Mi padre y su madre ya no están, pero también influyeron a su manera.

¿Y sabéis qué? Pues aunque parezca obvio, se ha creado una preciosa complicidad entre ellos, entre nuestros hijos y nuestros padres, que les enriquece a todos y que se nota en el día a día y aumenta en momentos muy especiales.

Es esto a lo que tanto Cris como yo aspiramos a conseguir con nuestro nieto y con los que lleguen en el futuro. Ser cómplices de su formación y educación. Pero siempre eso, sólo cómplices, apoyando a sus padres, que son quienes deben asumir la responsabilidad y decisiones finales.

Acabamos de estar todos los de la familia en Abu Dhabi, en la final del Campeonato Mundial de Clubs en la que el Barça ha culminado una temporada histórica, inigualable. Cuando Leo Messi marcó el gol de la victoria, en medio del campo levantó unos segundos los brazos hacia el cielo, y mi hija Paola me preguntó: «¿A quién se lo dedica?» Le respondí rápidamente: «A su abuela

Celia, seguro.» Y no me equivoqué. Éste es el mejor ejemplo de complicidad, amor y recuerdo que puedo divulgar porque conozco bien a Leo, a su familia y sé lo importante que es para todos ellos la relación familiar y lo que representó la abuela, para todos, en especial para sus nietos. Ella no está ahora, la añoran muchísimo, pero jamás la olvidarán y siempre será un ejemplo para todos. Así queremos ser y ojalá algún día nuestros nietos nos recuerden del mismo modo, pues será la mejor señal de que lo habremos hecho bien. Los nietos jamás se equivocan.

# 23

## Y tú, ¿qué harías?

*Mi madre luego supo ser abuela*
*y siguió trabajando.*

Este capítulo va dedicado a mi querida madre, también abuela y desde hace poco también bisabuela. Ella fue una madre moderna. Empresaria de éxito en el mundo de la moda (Carmen Mir), ya en los años cincuenta, sesenta y setenta supo combinar su trabajo con la labor de madre y esposa junto a mi padre. Ambos, y no sin enormes dificultades combinaron ambas tareas y consiguieron a su manera la tan codiciada y a veces hasta tan tópica conciliación familiar. Gracias, papás.

Mi madre luego supo ser abuela y siguió trabajando. Como abuela fue ejemplar, y si no que se lo pregunten a sus seis nietos (Gaby, Álex, Paola, Humbert, Ricard y Oriol). Ha sido una abuela entrañable, fantástica. Sin entrometerse ha sabido estar cuando era necesaria. Allí estaba siempre, en especial en los momentos difíciles, y sin alardes desaparecía cuando creía que no era necesaria. ¿Verdad, Álex? ¿Verdad, Paola? Y ahora va a ser bisabuela. Y también ahí está. «*L'àvia* Eli», así la llamamos, sigue en plena forma y con enormes ganas de seguir ejerciendo. Ella es una mujer hecha a sí misma que de la nada llegó a codearse con los grandes del mundo de la moda y con la alta sociedad que en aquella época aún no te consideraba «de los suyos» aunque fueras muy buena marcando «como debe ser...» las distancias con los demás, aunque eso sí, deseaban sus diseños y hacían lo que fuera para tener modelos exclusivos. Fue así como Carmen Mir llegó a la cima. Y desde ella, mi madre, nuera y mano derecha de mi abuela Carmen Mir, supo seguir su estilo y modelo empresarial hasta la crisis de los años setenta y ochenta. A pesar de ello, mi madre Elisa se convirtió en una gran abuela y en breve ejercerá de bisabuela. Vaya, Cris dice que será una abuela más porque está fantástica física y mentalmente y nadie diría que es bisabuela.

Pues bien, se preguntarán por el título del capítulo. Pues es una anécdota graciosa pero que define perfectamente a mi madre. Ella, durante años y al no tener a mi padre, casi siempre que tiene una duda o un problema suele llamarnos a nosotros, sus hijos. En mi caso, lo que solía hacer era llamarme y preguntarme qué haría yo ante tal o cual solución. Si la respuesta coincidía con su idea, ningún problema, pero si no era así, entrábamos en una discusión que sólo terminaba si le dabas la razón. Y así es casi siempre. ¡Genio y figura! Pues bien, llegué a la conclusión de que cuando me llamara para preguntar qué hacer ante algún problema, yo le respondería con la siguiente pregunta: «Y tú, ¿qué harías, mamá?»

Era en este momento en el que ella, que ya llevaba su idea fija en la cabeza, me daba SU solución. A partir de ahí, yo siempre le digo: «Magnífica idea, mamá.» Así ambos contentos y ella más porque así reafirma lo que ya quería hacer y nos evitamos la discusión bizantina de antes y llegamos al mismo puerto. Ésta es Elisa Lacambra, la superbisabuela. Gracias, mamá.

# 24

## Piel contra piel

*Era una sensación muy especial y me daba la
sensación de que potenciaba el contacto, la unión.*

Quisiera destacar un ejercicio que inventé con Gaby
y luego repetí con Álex y Paola. Aprovechaba cualquier
oportunidad de descanso y tranquilidad que tuviéramos
para ponérmelos desnudos encima de mí. Yo también
desnudo y sentir piel contra piel. Era una sensación muy
especial y me daba la sensación de que potenciaba el contacto, la unión. Por esto la referencia anterior a lo de dar
el pecho, pues esta sensación era casi la misma.

Luego nació Álex, con su sindromía y todo lo que
supone tanto a nivel psicológico como económico a nivel de familia y de pareja, que no es poco. El impacto de
recibir un hijo con síndrome de Down de forma inespe-
rada es duro, muy duro, pues te asalta el miedo a lo desconocido, que es lo peor. En aquella época, nuestra situación económica seguía en precario pero continuamos en
la misma línea, sólo que redoblando esfuerzos con Álex,
pues su situación requería mucha dedicación. Ahí, Cris y
yo nos repartimos roles y tareas. No obstante, yo con

Álex hice lo mismo que con Gaby. Le preparaba y daba sus biberones y papillas, aunque a él le costaba mucho más comer. Sus ejercicios de estimulación precoz, y todo lo demás que su síndrome comportaba, eran tareas adicionales añadidas. Y todo ello con Gaby también pequeño y necesitado de atención, reclamando sus derechos y nosotros tratando de que no se sintiera desatendido. Ahí Cris y yo, con la ayuda de los abuelos, redoblamos esfuerzos y parecía que saldríamos airosos. Hasta que un día Álex decidió dejarnos para siempre sin avisar.

El *shock* fue brutal y estuvimos varios meses como en el limbo. Parecía que flotáramos y la muerte de Álex no se hubiera producido. Fueron tiempos duros, de crisis personales difíciles de remontar, pero lo conseguimos. Al cabo de un par de años después de la desaparición de Álex, decidimos que debíamos tener otro hijo y fuimos a por él. Y nació Paola. Yo tenía 35 años y era la primera niña. Puede parecer igual, pero no lo es, y los años me han demostrado que es distinto. Pero Paola ahora ya es toda una mujer. Con 22 años, ha estado varios meses viviendo en Los Ángeles y dentro de seis se va a trabajar a Londres para el banco de inversión Nomura.

Pues bien, ella, todo un personaje, nació ochomesina y con un problema desconocido, con una inmunodeficiencia que nadie supo jamás diagnosticar y que provocaba que todo lo que tomaba lo sacara de forma inmediata. Tuvimos que adaptarle una alimentación muy especial, pues rechazaba todo tipo de comida. Desde los 6 meses hasta los 3 años, estuvo prácticamente atada a bombas de infusión para la recepción de alimentación parenteral. La llamábamos «pata pollo» porque era pequeñita y muy delgada. Fue también muy duro y como padre llegué a pensar que Cris y yo teníamos la culpa por haber hecho algo mal. La doctora que llevaba a Paola y nos la salvó, Mercedes Ruiz Moreno, de la Fundación Jiménez Díaz de Madrid, de la que yo era gerente por aquel entonces, nos dijo muy clarividente: «Mirad, Paola sobre los 3 años, dará un vuelco. Y lo superará o de lo contrario puede ser trágico.» La historia de Álex volvió a nuestras vidas y durante dos años vivimos encadenados al «Destino».

Por fin, y tal como había dicho la doctora, Paola dio un cambio total y empezó a comer y a aceptar las papillas y luego todo lo demás. ¡Estaba salvada! Ésta fue otra gran lección que aprendimos: luchar hasta la extenuación y no darse jamás por vencido. Cris fue todo un ejemplo para mí, pues fue ella la que peleó como una leona y lo consiguió.

A todo ello, he tratado de ejercer como padre, pero amigo y colega a la vez. Sé que hay gente que no cree en ello, pero a nosotros nos ha funcionado y creo que muy bien. Ahí están Gaby y Paola. Sin hablar con amor de padre, podemos presumir con mucha objetividad de haber criado a dos personas, buena gente, que jamás han creado situaciones críticas, que han educado y aprovechado con fruición los recursos y facilidades que en nuestra medida les hemos podido ofrecer y que nos hacen sentir orgullosos de ser sus padres. Y por favor, no hagáis como un célebre escritor y poeta catalán (Brossa) que declaró un día en público (y está en las hemerotecas) que él no había tenido hijos porque «si te salen tontos, luego se pasan la vida puteándote». ¡Qué pena! Estoy convencido de que tanto Gaby como Paola son y seguirán siendo gente de bien, generosos y respetuosos con los demás, con la dosis de tolerancia y a la vez ambición necesaria para afrontar sus propias vidas con éxito y quizá poder replicar el ejemplo que en todo momento tanto su madre como yo hemos tratado de darles.

No quisiera finalizar estas líneas sin decir que como padre me siento totalmente realizado. He vivido cada etapa de su/nuestra vida con enorme intensidad y pasión. Ser hijo es algo que vives pero no comprendes hasta algunos años después. Ser padre es algo que debes hacer porque lo deseas y además recomiendo que se haga con cautela y responsabilidad porque ser padres no sólo es procrear sino también educar e integrar.

Como colofón, afronto la etapa de ser abuelo con el deseo de saborearla gracias a la edad que tengo, que suele ir pareja a la sabiduría y madurez. Ésta es la nueva etapa que se presenta ante mí. Seguramente, cuando vosotros leáis estas líneas, quien aquí suscribe ya estará saboreando de nuevo los biberones, los besos, los abrazos o hasta enseñando a nadar al bebé —como ex nadador de competición, repetiré lo que hice con mis hijos, que fue enseñarles a nadar desde muy pequeños, cosa muy recomendable, útil y sana—, eso sí, siempre que sus padres me lo permitan. Quizás ahora ya esté en la piscina con el bebé, ambos sumergiéndonos en el agua y creando una complicidad que puede ser para siempre. Y también trataré de aplicar lo de «piel contra piel» con Gaby «peke»...

# 25

# Navidad

*Siempre me he preguntado por qué no alargamos*
*al resto del año estas actitudes que tan bien irían*
*a toda la Humanidad.*

Las fiestas navideñas son, para los cristianos, días muy especiales. Por distintos motivos, el significado de la Navidad hace que todos nos convirtamos en personas más afectuosas, solidarias, entrañables, generosas y un largo etcétera de adjetivos todos positivos durante estas fechas (más vale esto que nada).

Siempre me he preguntado por qué no alargamos al resto del año estas actitudes que tan bien irían a toda la Humanidad. También es cierto que los cristianos pensamos que debe ser así para todos y a veces algunos creen que el mundo debería adaptarse a nuestras creencias, leyes y hábitos, y esto no es correcto. Otras religiones, como por ejemplo el islam o el pueblo judío, tienen, curiosamente, el mismo origen que el cristianismo, en Abraham. Y además compartimos los ángeles, entre ellos el arcángel Gabriel, que no es poco, je, je... Parece curioso y da que pensar, ¿verdad?

¿Qué es la religión? Yo diría que es algo que los humanos hemos hecho a nuestra medida y semejanza por las circunstancias de cada momento en la historia y por personas que en momentos determinados han sido capaces de liderar situaciones especiales conduciendo a sus gentes, a sus pueblos, hacia ideologías distintas, moldeadas a su imagen y semejanza y creando leyes y reglas que luego se han utilizado en según qué ocasiones de forma muy *sui géneris*.

Dios quizás exista, aunque yo me siento incapaz de imaginármelo y jamás mi capacidad de raciocinio me permitirá llegar a comprenderlo, por esto lo de «acto de fe»...

Para mí el concepto que algunos manejan sobre Dios es contra natura de lo que es o debería ser Dios en mi modesta opinión. Ante tal disyuntiva, sólo puedes aceptarlo como un acto de fe y disciplina, pero las enormes y brutales contradicciones que la Humanidad *per se* genera, las tremendas injusticias que sufre el mundo y ante las cuales algunas autoridades religiosas apenas actúan, a mí, personalmente, me genera muchas dudas. Se observa por ejemplo cómo todas las religiones originariamente proponen la generosidad, la solidaridad, la tolerancia, el amor al prójimo, entre otras muchas virtudes, y luego paradójicamente se utilizan las propias religiones como armas arrojadizas entre pueblos, para obtener más poder, utilizando las guerras, matándonos unos a otros en aras de «banderas» muchas veces adulteradas y generando graves conflictos que se agudizan con los años y que provocan enormes pérdidas humanas. ¿Es esto lo que realmente quiere Dios?

Pues a estas reflexiones, y muchísimas más, es a lo que llegas a una cierta edad, que suele coincidir con la que tienes al ser abuelo. La madurez, cierta sabiduría adquirida a base de años y experiencia, fundamentalmente después de haberte equivocado muchas veces y luego corregido los errores cometidos, hemos aprendido a ser quizás algo mejores, más tolerantes, más respetuosos, menos agresivos y a saber escuchar a los demás e intentar entenderles.

Pues bien, después de esta reflexión sobre las religiones originada por la Navidad, la fiesta católica religiosa por excelencia, convertida en el siglo XX en un instrumento de márketing de grandísimas dimensiones (acabo de llegar de los Emiratos Árabes y en estos países de religión totalmente islámica he podido ver Santa Claus y árboles de Navidad decorados en muchas partes), donde todos tratamos de ser mejores y nos hacemos año tras año serios propósitos de enmienda y mejoría que luego se incumplen en parte pues nosotros mismos encontramos excusas para sortearlos.

Pues bien, nosotros, los Masfurroll, somos parte de este entorno y hemos celebrado este año, una vez más, la Nochebuena, la Navidad y, en Cataluña, también el día de San Esteban, que es festivo y sigue al día de Navidad, lo que nos permite que podamos repartirnos entre las familias de una y otra parte para estar en casa de unos y otros abuelos en las cenas y comidas de celebración (ya sabéis lo pragmáticos que somos en Cataluña) que cada año celebramos.

En definitiva, lo que quería decir desde el principio, aunque mi barroquismo literario ha hecho que me fuera por los «cerros de Úbeda», ha sido poder explicar que este año es especial. Catiana y Gaby júnior con su futuro bebé han estado con nosotros. Ha sido una Navidad distinta a la de los últimos años. Todos pensábamos en que dentro de unos meses la familia iba a tener un miembro más y es algo que nos emociona, nos ilusiona y nos da fuerza para seguir ahí, disfrutando de la vida, de nuestros seres queridos.

¡Qué sensación más entrañable la de pensar que vamos a ser abuelos! Este año bajo el árbol de Navidad había muchos regalos para el futuro bebé. Ya nos imaginamos cómo será (la imaginación no tiene limites y además las ecografías ayudan) y todos los planes, lo que haremos con y junto a él. Otro sueño...

Esto es para mí lo que dicen en los anuncios de Coca-Cola, «la chispa de la vida». Y es que sin ella, la vida sería aburrida y quizá más dura. Creo que lo importante es tener siempre alguna «chispa» que te dé ilusión en tu vida. No son necesarias grandes cosas, sino aquello que te hace palpitar, que te emociona. Para cada uno es distinto y todos debemos buscarla con ahínco pues casi siempre la encuentras. Y si no, la inventas.

Debo reconocer que siempre la hemos buscado y siempre la hemos encontrado, a veces pequeña, otras grande, unas simple, otras sofisticada, cada una de ellas en su momento y según la situación y circunstancia en la que estábamos. Es lo que nos ha permitido vivir la vida con intensidad, en los buenos, pero también en los momentos difíciles, que no han sido pocos.

Ahora vamos a ser abuelos y esto es algo grande. Vamos a ver si somos capaces de cumplir y sobrepasar el notable en este nuevo oficio.

Felices fiestas a todos, a todas las religiones y confesiones y el deseo de paz, salud, amor, armonía, generosidad, tolerancia, solidaridad y respeto para nuestra querida Humanidad como mínimo en los próximos mil años. También debo decir que los distintos pueblos y culturas contamos de forma distinta los años. Por lo tanto, a todos los abuelos del mundo, y más a los que ejercen con vocación y pasión, mi enhorabuena.

Felicidades pues, aunque suele decirse que el mundo está en manos de las jóvenes generaciones, en nuestras manos, la de los abuelos, está la capacidad pedagógica de enseñarles bien y que sean buena gente. Gente de bien, pues en parte, de nuestro buen hacer, el futuro del mundo será mejor.

# 26

## He tenido un sueño

*Estaba soñando en que el futuro bebé y yo estábamos nadando en una piscina. Ambos estábamos jugando y sumergiéndonos. Yo le enseñaba a nadar.*

Esta noche, 3 de enero de 2010, he tenido un sueño. Es curioso porque los sueños a veces suelen olvidarse, pero éste curiosamente no. Lo tengo perfectamente nítido en mi cabeza. Me he despertado sobre las 6 de la madrugada. Estaba soñando en que el futuro bebé y yo estábamos nadando en una piscina. Ambos estábamos jugando y sumergiéndonos. Yo le enseñaba a nadar.

Hace semanas que estoy buscando en Barcelona un centro donde poder llevar al bebé y enseñarle a nadar desde muy pequeño. Realmente es un ejercicio que funciona y los bebés aprenden muy rápido, pues dicen que aún tienen el recuerdo de haber estado en la bolsa materna con su líquido amniótico. Evidentemente es lógico que a mí, como ex nadador, me apetezca un montón y además parece que es bueno y sano para los bebés. Para mí es un sueño y a la vez me hace mucha ilusión. ¿¡Se imaginan la complicidad entre él y yo!? Me apetece muchísimo. Me recuerda cuando hice lo mismo con nuestros hijos en el mar. Entonces aún no se estilaba todo esto tan sofisticado, pero nosotros a nuestra manera ya lo hicimos en nuestra querida Menorca. Con pocos meses de edad, ya los metía en el mar. Los ponía encima de mí y me los llevaba mar adentro. Les encantaba. Algo más mayores ya nadaban solos a mi lado, pegaditos a mí y luego buceábamos juntos. Lo último de pequeños era seguir peces y pescar alguno bajo el mar.

Pues bien, con el «peke» quiero hacer lo mismo y repetir viejas e inolvidables experiencias. Sucede que nacerá en marzo y en verano será aún muy pequeño para bañarse en el mar con cierta facilidad. Quizás el siguiente verano ya podrá hacerlo con algo más de un año. No obstante, lo que sus padres me permiten es que me lo lleve a la piscina y le enseñe a nadar. Pues bien, éste es el sueño que he tenido esta noche, día 3 de enero de 2010.

Algunos se preguntarán si con ello pretendo que el bebé acabe siendo nadador. Pues no, lo único que quiero es que disfrute con el agua, que sea un medio amigo para él, que sepa nadar bien y además, y perdonen esta licencia, que sea un buen nadador. Y en verano su abuelo, que soy yo, pueda tener compañero de fatigas en sus excursiones marinas por las aguas de Menorca, pues ni Gaby ni Paola me siguen demasiado...

# 27

## 2010, *Blue Moon*

*Ella y yo solos, juntos, celebrándolo*
*en la intimidad y juntando nuestros deseos*
*y sueños de futuro.*

¿Saben que la entrada de 2010 se ha producido con un efecto especial? ¿Y que el Año Nuevo ha empezado con luna llena y además llamada *blue moon*?

Se preguntarán qué significa este nombre, claro. Yo hice lo mismo y me lo aclaró una querida y vieja amiga de mi juventud, ex nadadora y ahora vicerrectora de la UAB, Monserrat Farell, quien al felicitarme el nuevo año me alertó. Pues bien, a ver si soy capaz de explicarlo tan bien como ella hizo conmigo.

Poquísimas veces sucede que en un mismo mes tenemos luna llena dos veces. Esto sucede cada 2,7 años. Y que esto pase en un mes de diciembre, como en este 2009, y que coincida en la entrada de una década, dicen los expertos, que pasarán quinientos años para que vuelva a suceder. O sea que hemos vivido un hecho histórico. A este efecto, según me cuentan, le llaman *blue moon*.

Además, déjenme que presuma con esto que les voy a

contar. Ha sido una experiencia muy bonita (a esto, los *cools* la llamarían *back to basics*, ahora tan de moda). He tenido la suerte de escuchar las campanadas de entrada de 2010 no al uso, es decir por TV o en la calle rodeado de gente chillando y bebiendo desaforadamente, lo cual me produce agobio, sino con Cris, solos, en el silencio del campo, escuchando las campanas de la iglesia de Torrent, un minúsculo pueblo inmerso en el Empordà, Empordanet como dicen los de por aquí. Para más señas, nos hemos tomado las uvas a la vieja usanza y mirando un cielo estrellado clarísimo y una luna llena espléndida y radiante que daba luz a una noche fría pero muy acogedora.

Realmente ha sido una entrada de año única y gracias a la gran idea que tuvo Cris. Ella y yo solos, juntos, celebrándolo en la intimidad y juntando nuestros deseos y sueños de futuro. No necesitamos más. Inmediatamente después hemos recibido las esperadas y cariñosas llamadas de Paola y Gaby y nosotros hemos llamado a nuestros padres. Nada más, un brindis por la salud y como motivo de este capítulo, seguro que este 2010 que se avecina duro y complicado será bueno para los Masfurroll, con la llegada del pequeño Gaby. Y, a buen seguro, la *blue moon* es un muy buen presagio, de verdad que lo presiento. *Hope so!*

## 28

## Abuelos y abuelas por todas partes

*Pues que los nietos necesitan a los abuelos
y mucho, pero que eso sí, los abuelos deben ser
abuelos y no hacer de segundos padres.*

Hace unos días estuve viendo el programa de Susanna Griso en Antena 3, Espejo Público. Me gusta verlo siempre que puedo, que no es mucho, y darle mi opinión. Se ha establecido una divertida complicidad y creo que alguna cosita ha aprovechado. Pues bien, la sorpresa llegó cuando le dedicaron un espacio del programa a las abuelas. «¡Bien!», me dije yo. Cogí mi libreta de apuntes y decidí tomar notas para mi libro.

La realidad es divertida, porque se demuestra que cuando algo centra o interesa a tu atención, como me sucede a mí con el tema de los abuelos por mi futura condición de tal, aparecen anécdotas de abuelas y abuelos por doquier.

Pues a lo que iba. ¿Qué dijeron aquellas abuelas tan saladas y divertidas del programa de Susanna? Pues que los nietos necesitan a los abuelos y mucho, pero que eso sí, los abuelos deben ser abuelos y no hacer de segundos padres. En esto estamos muy de acuerdo. Añadieron que los nietos no son propinas, ¡son regalos! Se quejaban los abuelos de que empezaron a jugar a ajedrez o al fútbol cuando eran pequeños pero que ahora los niños ya no tenían piedad y les ganaban.

Añadieron que ser abuelos les estimulaba y les mantenía jóvenes. Consideraban importante granjearse la amistad y complicidad de sus nietos porque de esta forma conseguían que éstos les contasen sus cosas y sus intimidades. Añadieron algo muy importante, y es que los abuelos deberían, siempre que pudieran, mantener su independencia, pues cuanto mejor sean como pareja, mejor serán como abuelos. Fue una charla divertida pero también interesante porque compruebas cuán importante es la experiencia y la sabiduría adquirida con los años.

También hace poco, en el semanal *Yo Dona* firmado por Amélie Die apareció un artículo titulado «La importancia de ser abuela». En el mismo se destaca que estudios serios están demostrando que el papel de la abuela en muchos casos tiene una función clave para el futuro de su prole. Destaca el artículo que la relevancia del papel de la abuela (supongo y espero que el del abuelo también) va muy ligado al incremento de la esperanza de vida de los españoles en los últimos años, lo que permite a los nietos compartir bastantes años de sus vidas con sus abuelos. La aparición de la menopausia en la mujer sobre los 50 años hace que ésta quiera o tenga un instinto especial y le resulte innato cuidar de sus nietos aún como un pseudoinstinto de madre.

Otras curiosidades del artículo son, por ejemplo, «La hipótesis de la abuela» realizada por científicos de la Universidad de Utah (EE.UU.), que investigaron una tribu aislada de Tanzania, los hazda, en la que las mujeres dejan muy jóvenes la maternidad para colaborar intensamente con sus hijas en la crianza de sus hijos y a su vez nietos para ellas. Eso permitía un solapamiento que evitaba, por mayor dedicación a los niños, una menor mortalidad infantil.

Otro estudio publicado en la revista *Proceedings of the Royal Society*, con estudios realizados desde 1600 en países como Japón, Alemania, Gambia, Malawi, Inglaterra, Canadá y Etiopía, reveló que las abuelas maternas están relacionadas por sus genes en un 25 % con sus nietos y sus nietas mientras que las paternas tienen un 50 % de parentesco paterno con sus nietas y un 0 % con sus nietos.

No obstante concluye que independientemente de todo ello, la relación que desempeñan los abuelos es beneficiosa, positiva y adecuada en todos los casos.

# 29

## Todos están bien

*Para mí, lo mejor de todo es ver cómo alguien que de joven soñó un futuro para él y los suyos, tras vivir inmerso, encerrado a cal y canto en «su propio mundo», descubre la realidad y la acepta.*

Hace un par de días, como de costumbre, Cris y yo fuimos al cine el viernes por la noche, a nuestra sesión semanal. Es un ritual que comenzó hace muchos años y que, además de encantarnos, nos permite viajar desde la butaca del cine a otros mundos, a otras realidades que a su vez nos desconectan del «mundo real», como diría Sandro Rosell.

Pues bien, este día miramos la cartelera y decidimos ir a ver la película *Todos están bien*. El protagonista, Robert de Niro. Esto ya fue un factor decisivo, pues es un actor que nos gusta muchísimo y nos daba ciertas garantías de que podía ser una buena película. Las críticas la ponían bien pero, la verdad, no sabíamos demasiado qué íbamos a ver.

Y hete aquí que la película narra la historia de un hombre que trabaja a destajo, que se vuelca y se enamora de lo que hace y aglutina su pasión por su empresa con el fervor que pone para ganarse la vida lo mejor que puede y sabe y así poder proporcionar a sus cuatro hijos una buena educación, la que cree que merecen, la que él y su esposa soñaron siempre.

A su vez, y en su poco tiempo libre, trata de influir y ayudar a diseñar con su mejor buena fe el futuro de sus hijos. Pone disciplina y afecto, pero de forma intermitente y sólo la presencia cotidiana, persistente y afectiva de su esposa permite que los hijos sigan su camino. Pasan los años y por circunstancias varias que no vienen al caso, pues no es objetivo de este capítulo resumir la película, el protagonista, De Niro, se da cuenta y empieza a descubrir que vive en un mundo irreal. Su esposa, que acaba de fallecer, y sus hijos, cada uno distinto y a su manera, le habían hecho creer que eran lo que él había soñado para ellos y él se lo había creído.

Descubre, una vez retirado, que sus hijos llevan unas vidas muy distintas a las que él creía. Y lo hace poco a poco. Ciertas situaciones inesperadas le producen un *shock* importante que le hacen ingresar en un hospital. Como guinda de todo este pastel, descubre que es abuelo, algo atípico, por cierto, pero abuelo al fin y al cabo, y lo acepta y disfruta.

Para mí, lo mejor de todo es ver cómo alguien que de joven soñó un futuro para él y los suyos, tras vivir inmerso, encerrado a cal y canto en «su propio mundo», descubre la realidad y la acepta. Y no sólo esto, sino que se integra en ella y, recuperar a su familia, a sus hijos, a su nieta y, por fin, sin dejar de soñar, se convierte en el punto de encuentro de la familia. Es una historia hermosa que sin ser cursi tiene un final agradable y que puede encajarnos a todos.

A mí, personalmente, me ha llamado la atención ver algo que me está sucediendo, que me noto y que es, creo, un compendio de la propia edad, que también influye de forma importante, y el nuevo estado, ser abuelo. No sé cómo ni por qué, pero entras en una nueva dimensión y ves el mundo, los problemas, las situaciones de un modo distinto, con mayor tolerancia, más objetividad, comprensión y diría que a la vez más realismo.

Es una nueva forma de vivir. Yo, que siempre he vivido con enorme intensidad, con excitantes ambiciones, enorme pasión y fuerte estrés, y lo digo en el más amplio sentido de la palabra, es decir, tanto en positivo como en negativo, ahora siento que están cambiando mis necesidades básicas, y no por ello me siento menos inactivo, pero afronto una etapa de la vida mucho más armónica en la que todo tiene su justa y equilibrada importancia. Me siento muy dueño de mi vida, capaz de ordenar, priorizar mis intereses, necesidades y deseos, vivir esta etapa con lucidez, armonía, con enorme eficiencia en todos los ámbitos, familiar, laboral y personal, y soy feliz, disfruto de esto tan hermoso que es la vida. Además, he tenido la fortuna (perdonen la licencia, pero la he buscado sin cesar) y puedo presumir de tener este tesoro tan preciado que es mi vida.

Me siento feliz, aunque sea rodeado de problemas por resolver que día a día te asaltan, pero la madurez y sabiduría que los años te dan han sido un enorme ejercicio que me ha obligado a aprender a fuerza de tropiezos, errores, fracasos y, cómo no, también alegrías, aciertos y éxitos. Eso sí, siempre tratando de «aprender de los mejores».

Todo ello te permite observar, aconsejar y hasta decidir con mayor acierto. Esto es para mí el gran paradigma de los abuelos. Pienso que el gran reto y éxito de los abuelos es que además seamos, cada uno en su medida, capaces de trasladar a los nuestros, a nuestros descendientes, y por qué no a nuestros seres queridos, parte de esta herencia incunable que es la experiencia de la vida: el mejor y más preciado tesoro que tenemos y podemos traspasar sin tener que pagar impuesto de sucesiones, al menos de momento.

# 30

## Me hago mayor, pero no viejo

*Empezó primero con sus hijos
¡y ahora lo hace con sus bisnietos!*

Leo en el magacín *ES* que Joana Purja a los 84 años ha escrito un libro de cuentos para sus nietos, que se titula *A cau d'orella.*

Se declara lectora empedernida y le encanta escribir. Es feliz contándoles a sus nietos y ahora bisnietos los mismos cuentos que le contaban a ella sus abuelas Pietat y Angeleta. Empezó primero con sus hijos ¡y ahora lo hace con sus bisnietos!

Joana se dedicó en la primera etapa de su vida al cuidado de su casa y su familia, una tarea mucho más compleja y delicada de lo que muchos piensan. A los 50, con sus hijos ya emancipados y parte de los «deberes» hechos, pensando que aún le quedaba un tercio de su vida por vivir, decidió ponerse a estudiar e iniciar otras actividades.

Tuvo la brillante idea, entre muchas otras, de recuperar de su memoria los cuentos que sus queridas abuelas le contaban cuando era niña y en versión libre, pues reconoce que quizás algunos de los cuentos no son fidedignos, los ha adaptado y los ha plasmado en un libro.

¿Las razones? Varias, pero las principales han sido tratar de que no se perdieran aquellos deliciosos cuentos que escuchó de sus queridas abuelas en su infancia y, en segundo lugar, poder escribir un libro, que es algo que deseaba desde hacía tiempo, pues escribir es una de sus pasiones.

Joana dice en la entrevista, que leo con fruición, que, claro, se hace mayor, como todos, pero que no se siente vieja. ¡Genial! Es una gran verdad y una mejor definición. Por supuesto que todos, a medida que pasan los años, nos hacemos mayores, esto es impepinable. Pero el espíritu de vivir, si la salud te lo permite, está en tu mente, y las ganas de vivir y el *carpe diem* dependen casi exclusivamente de uno mismo.

Con la lectura de esta entrevista con Joana me he sentido muy identificado, pues pienso como ella. Mi vida y circunstancias son muy distintas, pero mi espíritu es como el suyo. Ésta es mi recomendación a todos aquellos que somos o seremos abuelos, abuelas o bisabuelos. Nos hacemos mayores, ¡pero no viejos! *¡Carpe diem!*

# 31

## Bellas palabras de amor halladas en internet

*Nuestros padres envejecieron. Nadie nos había*
*preparado para esto.*

Nuestros padres, ahora, los abuelos.

«Padres héroes, heroicos del hogar. Pasamos nuestra vida cultivando estos estereotipos. Hasta que un día el padre héroe empieza a pensar todo el tiempo, protesta en voz baja y dice cosas que no tienen ni pies ni cabeza. La heroína del hogar empieza a tener dificultades en terminar las frases y empieza a enojarse con los que están a su lado. ¿Qué hicieron papá y mamá para envejecer de un momento a otro? Envejecieron... Nuestros padres envejecieron. Nadie nos había preparado para esto. Un bello día ellos pierden la compostura, se vuelven más vulnerables y adquieren unas manías bobas. Están cansados de cuidar de los otros y de servir de ejemplo: ahora llegó el momento de que ellos sean cuidados y mimados por nosotros.»

«Tienen muchos kilómetros andados y lo saben todo. Y lo que no saben, se lo inventan.»

«No hacen planes a largo plazo, ahora se dedican a

pequeñas aventuras, como hacer a escondidas todo lo que el médico les prohibió. Tienen manchas en la piel. De repente están tristes, mas no están caducos. Caducos están los hijos que rechazan aceptar el ciclo de la vida. Es complicado aceptar que nuestros héroes y heroínas ya no están con el control de la situación. Están frágiles y un poco olvidadizos. Tienen este derecho, pero seguimos exigiendo de ellos la energía de siempre. No admitimos sus flaquezas, su tristeza.»

«Nos sentimos irritados y algunos llegamos a gritarles si se equivocan con el móvil u otro aparato electrónico, y encima no tenemos paciencia para oír por milésima vez la misma historia que cuentan como si terminaran de haberla vivido.»

«En vez de aceptar con serenidad el hecho de que adoptan un ritmo más lento con el pasar de los años, simplemente nos irritamos por haber traicionado nuestra confianza, la confianza de que serían indestructibles como los superhéroes. Provocamos discusiones inútiles y nos enojamos con nuestra insistencia para que todo siga como siempre fue. Nuestra intolerancia sólo puede ser miedo. Miedo a perderles y miedo de perdernos. Miedo también a dejar de ser lúcidos y joviales.»

«Con nuestros enojos sólo provocamos más tristeza a aquellos que un día sólo procuraron darnos alegrías.»

«¿Por qué no conseguimos ser un poco de lo que ellos fueron para nosotros? ¡Cuántas veces estos héroes y heroínas estuvieron noches enteras junto a nosotros, medicando, cuidando y midiendo fiebres! Y nos enojamos cuando ellos se olvidan de tomar sus remedios, y al pelear con ellos, les dejamos llorando, cual criaturas que fuimos un día. El tiempo nos enseña a sacar provecho de cada etapa de la vida, pero es difícil aceptar las etapas de los otros. Más cuando los otros fueron nuestros pilares, aquellos para los cuales siempre podíamos volver y sabíamos que estarían con sus brazos abiertos y que ahora están dando señales de partir un día sin nosotros. Hagamos por ellos hoy lo mejor, lo máximo que podamos, para que mañana, cuando ellos no estén, podamos recordar con cariño sus sonrisas y alegría y no las lágrimas de tristeza que ellos hayan derramado por causa nuestra.»

Al final nuestros héroes de ayer lo serán eternamente. Gracias, abuelos.

# 32

## Destino

*Claro está que el Destino suele estar provocado
por los astros pero también por
nuestros actos y deseos.*

Mes de febrero de 2010. Según todos los cálculos, falta entre un mes y un mes y medio para el nacimiento del bebé. Desde el anterior capítulo, una cascada de acontecimientos se ha desatado en mi vida. Ninguno de ellos baladí. Cada uno ha provocado un efecto sobre otros y, en cuestión de días, mi vida y la de la familia han cambiado radicalmente.

Hace un par de semanas, algo que en mi fuero interno preveía, intuía lo que ha sucedido: mi salida de USP Hospitales, la empresa que fundé en 1998 con varios colaboradores míos, en especial Sol Jorge, Juan Pedro Calvo y José Antonio Arqued, entre otros. Empezamos de la nada y ahora contamos con más de 45 centros, 7.000 personas, más de 300 millones de euros de facturación y actividad en cuatro países. Hemos sido distinguidos y galardonados muchísimas veces. Las escuelas de negocio más destacadas como IESE, IE y ahora Harvard, han hecho casos sobre ella. Creamos también la Fundación Álex, que ha sido el alma de USP, dedicándola a la infancia desprotegida y al mundo de las personas con capacidades distintas.

Ahora ha llegado el final de esta etapa. Aquel libro que empezamos a escribir en 1998 ha llegado a su fin. El ciclo se ha acabado. En fin, en estos días de reflexión, una vez tomada la decisión del divorcio profesional y con la enorme tristeza y melancolía de dejar aquello que siempre dije que era el sueño profesional de mi vida, inicio una nueva etapa, una vez más en mi vida. Siento enorme melancolía y añoro a las queridísimas personas que se han quedado en USP y que yo tuve el enorme orgullo y honor de arrastrar a este precioso y excitante proyecto. Los fundadores y colaboradores más cercanos se han ido conmigo en un acto de lealtad que les honra y les agradezco de corazón. Esther Sultán, Ramón Berra, Santiago Raventós, Ricardo Mateos, y Paula García. Seguiremos juntos, seguro, pero ahora estamos reflexionando sobre el pasado, descansando un poco pues han sido doce años de una vorágine de trabajo impresionante y reinventándonos día a día. Ahora vamos a analizar con cautela y tranquilidad cuál debe ser nuestro futuro. Somos un equipo de éxito, ahí está nuestra obra. Estamos recibiendo multitud de ideas, propuestas y proyectos. Vamos a verlo y evaluarlo todo con objetividad, pero la verdad es que este cambio brutal ha llegado en el momento justo, pues me permitirá ejercer este oficio que desde hace meses estoy tratando de aprender sin descanso. Gracias por teneros a mi lado. Os quiero.

No me digáis que esto no es el Destino. Claro está que el Destino suele estar provocado por los astros pero también por nuestros actos y deseos. Yo personalmente creo que quizá tocaba que esta decisión se produjera, por el bien de todos. No obstante, la historia dirá, pero sí puedo asegurar que «no hay mal que por bien no venga». La vida es un conglomerado de puntos de conexión que te llevan a tu Destino. Si al cabo de los años lo analizas retrospectivamente, te das cuenta de que estás donde estás no por casualidad, sino porque sucedieron cosas y adoptaste unas decisiones determinadas que son las que han forjado tu vida. Steve Jobs lo dijo extraordinariamente bien en su discurso en Stanford.

Por suerte para mí, podré ejercer de abuelo en una situación personal muchísimo más relajada, lo que convierte mis deseos personales en realidad.

Mi vida es un conglomerado de sensaciones contradictorias. La tristeza, la pena, la sensación de pérdida, el sentido del duelo se mezclan con la ilusión de una nueva vida, la alegría de la llegada de un nuevo miembro en la familia, la felicidad de comprobar que nuestros hijos Gaby y Catiana van a ser papás...

Qué curiosa es la vida, ¿no creen? Además, en las próximas tres semanas vamos a hacer dos mudanzas que me trasladarán de nuestros hábitats actuales a unos nuevos. Cambiamos de casa y de oficinas, es decir, los lugares en los que transcurre el 90 % de mi vida. Todo ha coincidido de golpe y dicen que son de las cosas de la vida que más estresan a cualquier persona. Pues yo debo decir que me siento tranquilo y relajado a la vez que esperanzado. ¿Será la madurez del abuelo? Quizá sí, pero en especial gracias al apoyo de mi familia, que está siendo impresionante, y el de mi equipo, una vez más liderado por Sol, la persona que está a mi lado profesional desde hace casi veinte años. Esto no tiene precio y a esto se le llama amor, así, aunque pueda parecer algo cursi, pero para mí es tierno. El amor de tus seres queridos.

Ha pasado una semana desde que dejé USP y he recibido más de 3.000 llamadas y mensajes de apoyo que me han reconfortado y animado mucho. No esperaba una reacción tan increíble. He contestado a todo el mundo, cuatro días encerrado en casa sin parar.

Como decía Josep Pla, en la vida hay tres tipos de personas que te rodean: los «amigos», que son pocos y elegidos, que están siempre a tu lado; los «conocidos», que muchos se autocalifican como amigos pero que aparecen y desaparecen como las lagunas de Ruidera según te vayan las cosas, y los «saludados», la gran mayoría. Yo puedo presumir de tener más amigos de la cuenta y esto es para mí un gran tesoro, aunque en estos procesos descubres el mundo de los conocidos y los saludados. Y también los indeseables, que se han convertido en invisibles para el resto de mi vida.

## Tienen que encontrar eso que aman

Me siento honrado de estar con ustedes hoy en su ceremonia de graduación en una de las mejores universidades del mundo. Yo nunca me gradué en una universidad. La verdad sea dicha, esto es lo más cerca que he estado de una graduación.

Hoy deseo contarles tres historias de mi vida. Eso es. No es gran cosa. Sólo tres historias.

La primera historia se trata de conectar los puntos. Me retiré del Reed College después de los primeros seis meses y seguí yendo de modo intermitente otros dieciocho meses o más antes de renunciar de verdad. Entonces ¿por qué me retiré?

Comenzó antes de que yo naciera. Mi madre biológica era joven, estudiante de universidad graduada, soltera, y decidió darme en adopción. Ella creía firmemente que debía ser adoptado por estudiantes graduados. Por lo tanto, todo estaba arreglado para que apenas naciera fuera adoptado por un abogado y su esposa; salvo que cuando nací, decidieron en el último minuto que en realidad deseaban una niña. De ese modo, mis padres, que estaban en lista de espera, recibieron una llamada en medio de la noche preguntándoles: «Tenemos un niño no deseado; ¿lo quieren?» Ellos dijeron: «Por supuesto.»

Posteriormente, mi madre biológica se enteró de que mi madre nunca se había graduado en una universidad y que mi padre nunca había acabado la enseñanza media. Se negó a firmar los papeles de adopción definitivos. Sólo cambió de parecer unos meses más tarde, cuando mis padres prometieron que algún día yo iría a la universidad.

Luego a los 17 años fui a la universidad. Sin embargo, ingenuamente elegí una universidad casi tan cara como Stanford y todos los ahorros de mis padres de clase obrera fueron gastados en mi matrícula. Después de seis meses yo no era capaz de apreciar el valor de lo anterior. No tenía idea de lo que quería hacer con mi vida y no tenía idea de la manera en que la universidad me iba a ayudar a deducirlo. Y aquí estaba yo, gastando todo el dinero que mis padres habían ahorrado durante toda su vida. Así que decidí retirarme y confiar en que todo iba a resultar bien. Fue bastante aterrador en ese momento, pero mirando hacia atrás fue una de las mejores decisiones que tomé. Apenas me retiré, pude dejar de asistir a las clases obligatorias que no me interesaban y comencé a asistir irregularmente a las que sí veía interesantes.

No todo fue romántico. No tenía dormitorio, dormía en el suelo de los dormitorios de amigos, retornaba las botellas de Coca-Cola a los depósitos a cambio de 5 centavos para comprar comida y caminaba 11 kilómetros, cruzando la ciudad todos los domingos en la noche para conseguir una buena comida a la semana en el templo Hare Krishna. Me encantaba. La mayor parte de las cosas con que tropecé siguiendo mi curiosidad e intuición resultaron ser inestimables posteriormente. Les doy un ejemplo: en ese tiempo Reed College ofrecía quizá la mejor instrucción en caligrafía del país. Todos los carteles, todas las etiquetas de todos los cajones estaban bellamente escritos en caligrafía a mano en todo el campus. Debido a que me había retirado y no tenía que asistir a las clases normales, decidí tomar una clase de caligrafía para aprender. Aprendí de los tipos serif y sans serif, de la variación de la cantidad de espacio entre las distintas combinaciones de letras, de lo que hace que la gran tipografía sea lo que es. Fue hermoso, histórico, artísticamente sutil de una manera en que la ciencia no logra capturar, y lo encontré fascinante.

Nada de esto tenía incluso una esperanza de aplicación práctica en mi vida. No obstante, diez años después, cuando estaba diseñando la primera computadora Macintosh, todo tuvo sentido para mí. Y todo lo diseñamos en Mac. Fue la primera computadora con una bella tipografía. Si nunca hubiera asistido a ese único curso en la universidad, Mac nunca habría tenido tipos múltiples o fuentes proporcionalmente espaciadas. Además, puesto que Windows sólo copió Mac, es probable que ninguna computadora personal la tuviera. Si nunca me hubiera retirado, nunca habría asistido a esa clase de caligrafía, y las computadoras personales no tendrían la maravillosa tipografía que tienen. Por supuesto era imposible conectar los puntos mirando hacia el futuro cuando estaba en la universidad. Sin embargo, fue muy, muy claro, mirando hacia el pasado diez años después.

Reitero, no pueden conectar los puntos mirando hacia el futuro; solamente pueden conectarlos mirando hacia el pasado. Por lo tanto, tienen que confiar en que los puntos de alguna manera se conectarán en su futuro. Tienen que confiar en algo: su instinto, su destino, su vida, su karma, lo que sea. Esta perspectiva nunca me ha decepcionado, y ha hecho la diferencia en mi vida.

La segunda historia es sobre amor y pérdida. Yo fui afortunado, descubrí lo que amaba hacer temprano en la vida. Woz y yo comenzamos Apple en el garaje de mis padres cuando tenía 20 años. Trabajamos duro y en diez años Apple había crecido a partir de nosotros dos en un garaje, transformándose en una compañía de dos mil millones de dólares con más de cuatro mil empleados. Justo cuando habíamos presentado nuestra más grandiosa creación —Macintosh— un año antes, yo había cumplido los 30. Y luego me despidieron. ¿Cómo te pueden despedir de una compañía que comenzaste? Bien, debido al crecimiento de Apple contratamos a alguien que pensé que tenía mucho talento para dirigir la compañía conmigo; los primeros años las cosas marcharon bien. Sin embargo, nuestras visiones de futuro empezaron a desviarse y finalmente tuvimos un tropiezo. Cuando ocurrió, la junta directiva lo respaldó a él. De ese modo a los 30 años estaba fuera. Y muy publicitadamente fuera. Había desaparecido aquello que había sido el centro de toda mi vida adulta, fue devastador.

Por unos cuantos meses, realmente no supe qué hacer. Sentía que había decepcionado a la generación anterior de empresarios, que había dejado caer el testigo cuando me lo estaban pasando. Me encontré con David Packard y Bob Noyce e intenté disculparme por haberlo echado a perder tan estrepitosamente. Fue un absoluto fracaso público e incluso pensaba en alejarme del valle. No obstante, lentamente comencé a entender algo: yo todavía amaba lo que hacía. El revés ocurrido con Apple no había cambiado eso ni un milímetro. Había sido rechazado, pero seguía enamorado. Y así decidí comenzar de nuevo. En ese entonces no lo entendí, pero sucedió que ser despedido de Apple fue lo mejor que podía haberme pasado. La pesadez de ser exitoso fue reemplazada por la liviandad de ser un principiante otra vez, menos seguro de todo. Me liberó para entrar en una de las etapas más creativas de mi vida. Durante los siguientes cinco años, comencé una compañía llamada NeXT, otra compañía llamada Pixar, y me enamoré de una asombrosa mujer que se convirtió en mi esposa. Pixar continuó y creó la primera película en el mundo animada por computadora, *Toy Story*, y ahora es el estudio de animación de más éxito a nivel mundial. En un notable giro de los hechos, Apple compró NeXT, regresé a Apple y la tecnología que desarrollamos en NeXT constituye el corazón del actual renacimiento de Apple. Además, con Laurene tenemos una maravillosa familia. Estoy muy seguro de que nada de esto habría sucedido si no me hubiesen despedido de Apple. Fue una amarga medicina, pero creo que el paciente la necesitaba. En ocasiones la vida te golpea con un ladrillo en la cabeza. No pierdan la fe. Estoy convencido de que lo único que me permitió seguir fue que yo amaba lo que hacía. Tienen que encontrar eso que aman. Y eso es tan válido para su trabajo como para sus amores. Su trabajo va a llenar gran parte de sus vidas y la única manera de sentirse realmente satisfecho es hacer aquello que creen es un gran trabajo. Y la única forma de hacer un gran trabajo es amando lo que hacen. Si todavía no lo han encontrado, sigan buscando. No se detengan. Al igual que con los asuntos del corazón, sabrán cuándo lo encuentren. Y al igual que cualquier relación importante, mejora con el paso de los años. Así que sigan buscando hasta que lo encuentren. No se detengan.

La tercera historia es sobre la muerte. Cuando tenía 17 años, leí una cita que decía algo parecido a «Si vives cada día como si fuera el último, es muy probable que algún día hagas lo correcto». A mí me impresionó y desde entonces, durante los últimos treinta y tres años, me miro al espejo todas las mañanas y me pregunto: «Si hoy fuera en último día de mi vida, ¿querría hacer lo que estoy a punto de hacer hoy?» Y cada vez que la respuesta ha sido «No» varios días seguidos, sé que necesito cambiar algo.

Recordar que moriré pronto constituye la herramienta más importante que he encontrado para ayudarme a decidir las grandes elecciones de mi vida. Porque casi todo —todas las expectativas externas, todo el orgullo, todo el temor a la vergüenza o al fracaso—, todo eso desaparece a las puertas de la muerte, quedando solamente aquello que es realmente importante. Recordar que van a morir es la mejor manera que conozco para evitar la trampa de pensar que tienen algo que perder. Ya están desnudos. No hay ninguna razón para no seguir a su corazón.

Hace casi un año me diagnosticaron cáncer. Me hicieron un escáner a las 7.30 de la mañana y claramente mostraba un tumor en el páncreas. Yo ni sabía lo que era el páncreas. Los doctores me dijeron que era muy probable que fuera un tipo de cáncer incurable y que mis expectativas de vida no superarían los tres o seis meses. Mi doctor me aconsejó irme a casa y arreglar mis asuntos, que es el código médico para prepararte para la muerte.

Significa intentar decirles a tus hijos en unos pocos meses todo lo que pensabas decirles en los próximos diez años. Significa asegurarte de que todo esté finiquitado de modo que sea lo más sencillo posible para tu familia. Significa despedirte.

Viví con ese diagnóstico todo el día. Luego al atardecer me hicieron una biopsia en que introdujeron un endoscopio por mi garganta, a través del estómago y mis intestinos, pincharon con una aguja mi páncreas y extrajeron unas pocas células del tumor. Estaba sedado, pero mi esposa, que estaba allí, me contó que cuando examinaron las células en el microscopio, los doctores empezaron a llorar porque descubrieron que era una forma muy rara de cáncer pancreático, curable con cirugía. Me operaron y ahora estoy bien. Fue lo más cercano que he estado a la muerte y espero que sea lo más cercano por unas cuantas décadas más. Al haber vivido esa experiencia, puedo contarla con un poco más de certeza que cuando la muerte era un útil pero puramente intelectual concepto: nadie quiere morir. Incluso la gente que quiere ir al cielo, no quiere morir para llegar allí. La muerte es el destino que todos compartimos. Nadie ha escapado de ella. Y es como debe ser porque la muerte es muy probable que sea la mejor invención de la vida. Es el agente de cambio de la vida. Elimina lo viejo para dejar paso a lo nuevo. Ahora mismo, ustedes son lo nuevo, pero algún día, no muy lejano, gradualmente ustedes serán viejos y serán eliminados. Lamento ser tan trágico, pero es muy cierto.

Su tiempo tiene límite, así que no lo pierdan viviendo la vida de otra persona. No se dejen atrapar por dogmas, es decir, vivir con los resultados del pensamiento de otras personas. No permitan que el ruido de las opiniones ajenas silencie su propia voz interior. Y más importante todavía, tengan el valor de seguir su corazón e intuición, que de alguna manera ya saben lo que realmente quieren llegar a ser. Todo lo demás es secundario.

Cuando era joven, había una asombrosa publicación llamada *The Whole Earth Catalog*, que era una de las biblias de mi generación. Fue creada por un tipo llamado Steward Brand, no muy lejos de aquí, en Menlo Park, y la creó con un toque poético. Fue a fines de los sesenta, antes de los ordenadores personales y de la edición mediante microordenadores, por lo tanto, en su totalidad estaba editada usando máquinas de escribir, tijeras y cámaras Polaroid. Era un tipo de Google en formato de edición económica, treinta y cinco años antes de que apareciera Google: era idealista y rebosante de hermosas herramientas y grandes conceptos.

Steward y su equipo publicaron varias ediciones del *The Whole Earth Catalog*, y luego cuando seguía su curso normal, publicaron la última edición. Fue a mediados de los setenta y yo tenía la edad de ustedes. En la contracubierta de la última edición había una fotografía de una carretera en el campo, temprano por la mañana, similar a una en que estarían haciendo dedo si fueran así de aventureros. Debajo de la foto decía: «Manténganse hambrientos. Manténganse descabellados.» Fue su mensaje de despedida al finalizar. Manténganse hambrientos. Manténganse descabellados. Siempre he deseado eso para mí. Y ahora, cuando se gradúan para empezar de nuevo, es lo que deseo para ustedes. Permanezcan hambrientos. Permanezcan descabellados.

Muchas gracias.

*Traducción del discurso de Steve Jobs, CEO de Apple Computer y de Pixar Animation Studios, 12 de junio de 2005, en la ceremonia de graduación de la Universidad de Stanford.*

Muchas gracias Steve. Este discurso lo he leído decenas de veces y sigo haciéndolo y de él cada día aprendo algo nuevo.

# 33

## El Destino y la sobrina de Leo Messi
### *Hat trick!*

Hoy he ido al Camp Nou una vez más con mis hijos Gaby y Paola. Hoy, Leo Messi ha hecho su tercer *hat trick* en el Barça. Lo más curioso es que con Gaby hemos pasado una parte del partido hablando de su futura paternidad y yo pensando en que voy a ser abuelo. Todo ello ha coincidido con que Leo, cada vez que marcaba un gol, enseñaba una camiseta que llevaba debajo de la azulgrana. Pues ¿saben a quién iba dedicada? Pues a su recién nacida sobrina, Valentina. Ésta es la curiosidad de hoy y que una vez más me hace creer en el Destino. A lo largo de varios meses, he estado utilizando la excusa del libro para prepararme para ser abuelo, reflexionando y aprendiendo esta difícil «profesión».

En alguno de los capítulos anteriores, he mencionado la devoción, el enorme amor de Leo y sus hermanos por su abuela Celia. Hoy, a muy pocos días del nacimiento del bebé, el homenaje de Leo a su sobrina ha sido para mí una premonición y me ha emocionado por el enorme espíritu familiar de Leo y los suyos. Además, curiosamente mañana me veo con Jorge, su padre, para hablar de la colaboración entre la Fundación Leo Messi y la Fundación Álex. Es el Destino, sin duda alguna.

## 34

### *Emotions in the air:*
### 17 de marzo de 2010

*«Gaby, tranquilo, pero que sepas que Catiana y Gaby están de camino a Dexeus para ser papás.»*

Hace una hora estaba en Madrid comiendo con mis queridos y autoproclamados tíos abuelos, Sol y Juan Pedro, en el Qüenco de Pepa en Madrid, donde Pepa siempre me cuida con esmero y cariño y comemos de cine. Hablábamos del futuro, de nuestros proyectos, de nuestros planes, con ilusión y esperanza. Qué suerte tengo de tener personas como ellos, Esther, Ramón y algunos más. De pronto ha sucedido lo que llevaba días esperando: la llamada de teléfono. No podía ser nadie más que Cris, el amor de mi vida, la mujer que ha estado siempre a mi lado, ahora ya casi abuela... Me dice: «Gaby, tranquilo, pero que sepas que Catiana y Gaby están de camino a Dexeus para ser papás. —Después sigue y me dice—: Regresa ya, porque esto es inminente y Gaby quiere que estemos todos juntos. Cuando llegues, vete directo a Dexeus.» La sensación, a pesar de haberme preparado, ha sido muy especial. Han pasado por mi mente en cuestión de segundos momentos de toda nuestra vida y he pensado cómo era posible que todo hubiese transcurrido a tal velocidad. Uno tiene la sensación de que no hace mucho tiempo éramos papás jovencísimos, y en unas horas seremos abuelos.

Mi vida ha cambiado muchísimo en las últimas semanas, pero esto es la culminación de una etapa totalmente nueva que se inicia hoy, una nueva vida. Voy, vamos a ser abuelos. Un nuevo «Masfu» llega a este mundo. El nuevo Gaby «peke» está a punto de llegar. Mientras iba camino de Barajas, llamé a mi querido Manel Estiarte para que ya me gestionara su ingreso como socio del Barça. Esto es preceptivo y además hoy jugamos partido de Champions con el Stuttgart. Le he mandado un SMS a Pep Guardiola porque quería decírselo. Luego he pensado que vaya tontería, cuando él debe de estar totalmente concentrado en este partido tan importante, pero también sé que me entenderá. A pesar de que no debía, no he podido aguantarme y he compartido la noticia con gente muy querida.

Además he tenido que cancelar mi viaje a Palma, donde tenía compromisos de la Fundación Álex, entre ellos, la presentación del nuevo disco de mi querido Jaume Anglada pues, además, una parte de los beneficios irán a la Fundación (Gracias, Jaume). También decir que una de las canciones *(Tot això és per tu)* está dedicada a Álex. *«Gràcies de nou, Jaume.»* Por cierto, él también acaba de ser papá, hace muy pocos días.

Estoy volando en un A-321 de Iberia, en el puente aéreo. Asiento 4A. Es un día histórico, especial, que jamás olvidaré, como el día que nacieron Gaby, Álex y Paola.

Tan pronto llegue, cogeré un taxi y me iré directamente a Dexeus. Gaby «peke» nacerá en el hospital que planeé hace siete años y que con mi equipo de USP diseñamos y construimos mano a mano, con Felip Massot, contra viento y marea, y ahí está, un magnífico legado para la ciudad y sus ciudadanos, aunque algunos gobernantes aún no se han enterado.

El Destino, siempre caprichoso, ha querido que cuando Gaby «peke» nazca yo ya no esté al frente de USP Hospitales. A su vez, el mismo Destino ha querido que el bebé nazca en el hospital del que también desde hace pocos días es gerente nuestro hijo Gaby, Júnior le llaman, pero yo que le he visto crecer y ahora le observo de lejos, ya no es júnior, es mas sénior de lo que muchos creen y el tiempo me dará la razón. Y además ya es casi papá. La vida es así y nada es casualidad. Hoy es un día especial y aún me esperan muchas emociones.

# 35

## Las noticias del gran día

*Ha nacido el miércoles 17 de marzo de 2010*
*a las 21 h, justo en el momento en que Leo Messi*
*marcaba su primer gol frente al Stuttgart.*

Gaby Masfurroll Martínez-Orozco ha nacido el miércoles 17 de marzo de 2010 a las 21h, justo en el momento en que Leo Messi marcaba su primer gol frente al Stuttgart.

Las noticias destacadas del día:

—La oposición al gobierno de Zapatero no logra frenar la subida del IVA.

—Aún colean los impactos producidos por la nevada de esta semana y los graves problemas que ha producido y seguirán afectando a miles de personas.

—Un gendarme muerto por un etarra en París.

—Los Castro empiezan a ser cuestionados y fuertemente criticados por intelectuales de izquierda. Cuba en la encrucijada.

—Obama sigue peleando por aprobar su reforma sanitaria, su reto más importante.

—Vuelve Tiger Woods después de su crisis matrimonial y sus *affaires* sexuales.

—Mourinho gana con el Inter ante su Chelsea querido y pasa a siguiente ronda de Champions.

—El Sevilla eliminado en casa.

—Los árbitros contra Guardiola.

—Hoy es el gran día frente al Stuttgart.

—Lehman resucita en Wall Street con una nueva identidad.

—S&P mantiene la nota a Grecia, pero le pide más esfuerzos.

—Soriano ha decidido presentarse a las elecciones del Barça.

—Nomura gestionará las participaciones de las cajas.

—Iberia se sube a Air Comet para tomar altura en América.

—Renault y Daimler buscan la alianza perfecta en el automóvil.

—Prisa plantea en España un Digital *low cost*.

—Guerra en el Consejo General del Poder Judicial por el proceso al juez Garzón.

—La metacrisis por Santiago Álvarez de Mon.

# 36

## Vida nueva, nueva vida

*Una nueva vida se inicia y una vida nueva*
*comienza para todos nosotros.*

Realmente es muy difícil poder explicar los sentimientos que irrumpen cuando ves aquel nuevo ser que durante meses has estado imaginando, esperando, deseando y cuyas expectativas se han ido reproduciendo día a día, incluso soñándolas de noche. De golpe y aunque esperado, aparece, ahí, recién salido del útero de su madre y llora. Lo primero que piensas, al menos yo, es: «¿Está bien? ¿Ha ido todo bien? ¿Está sano?» Quizás el pasado nos pesa demasiado... Pero la realidad es que está ahí, enfrente, pequeño, rosado, llorando y con gestos descontrolados, descubriendo el nuevo mundo. Ya ha llegado. Está entre nosotros después de tantas semanas de espera y deseos de verle. Una nueva vida se inicia y una vida nueva comienza para todos nosotros. Aquel ser tan pequeño va a alterar enormemente nuestras vidas. Por supuesto las de sus padres, que ya no se han quitado el babero pues babean con el vástago y, por supuesto, nosotros, los abuelos.

En un principio le miras con enorme deseo pero no te atreves a tocarle por miedo a que puedas romper su fragilidad. Él, supongo, se siente extraño de que tanta gente le observe y tantas manos traten de tocarle. Unos explorándole. Otros cuidándole. Los más achuchándole. Me lo imagino pensando el porqué de tanta y tanta gente mirándole y él, sintiéndose centro de una atención no deseada. Siempre me pregunto qué pensarán los recién nacidos del entorno y las mil caras que les rodean.

Mi primer día como abuelo fue totalmente expectante. Le vi y lo primero que hice, y no vale reírse, fue fotografiarle porque en el Barça esperaban la foto para darle de alta como socio. Estaba tan nervioso que luego no pude enviarla hasta el sexto intento. No me salía, y eso que domino la tecnología a pesar de ser abuelo, pero eran tantas cosas a la vez... Por fin lo conseguí, Gaby «peke» ya era socio del Barça. Número 176.964.

Nuestro segundo día fue ya de contacto, pero era tanta la gente que pasó por la clínica que sólo estuvimos algunos minutos juntos, pero había que compartir, lógico. Pude besarle, en la mejilla, al lado de sus orejitas, como hacía con Gaby (ahora su padre), con Álex y con Paola. Gaby «peke» estaba quieto y creo que le gustan los mimos. Le besé con suavidad pero muchas veces, susurrándole todo aquello que desde hacía meses quería decirle.

Estos días, debido a la vorágine que he vivido en el más amplio sentido de la palabra, yo estaba algo desubicado, no me atrevería a decir que triste porque sería una gran equivocación, pero sí algo más sensible de lo normal, y al poder tenerlo en mis brazos sentí que un torrente de sensaciones de lo más dispares se me vinieron encima. Me desahogué y fue la mejor terapia. Han sido dos meses de situaciones extremas y traumáticas y tenerle allí en mis brazos, convirtiéndome en abuelo, era la guinda, el mejor remedio, una nueva vida en la familia que me ha permitido iniciar, ya de verdad, una vida nueva a mí. Gaby «peke» ha llegado en el momento idóneo y esto reafirma mi teoría de que las cosas no pasan porque sí. El día no fue a más pues, además, era 19 de marzo, San José, día del Padre, y Gaby padre tomó el mando como debía ser. Era su primer día del Padre. Para mí, verles a los tres, juntos, mimosos y ya como una familia tan deseada, fue el mejor regalo para un abuelo que también es padre.

Hoy, 20 de marzo, ya ha sido el gran día. He podido tenerle en mis brazos mucho rato y ha sido fantástico. ¿Saben qué? Hay conexión, je, je... Esto es lo que creemos todos los abuelos, seguro, pero también es lo que nos hace especiales, es decir, abuelos. Por fin, Gaby «peke» y yo hoy hemos podido estar juntos en unos momentos de tranquilidad. Ha abierto los ojos y seguido mi voz. He continuado besándole (es que soy muy besucón, ¿saben?) y le he hablado mucho. Seguro que no ha entendido el significado de las palabras; pero sí les aseguro que por la expresión de su cara, el tono sí lo ha captado. Y para culminar el día, le he cambiado el pañal tras hacerse sus caquitas en mis brazos después de que su madre le hubiera dado de mamar un buen rato. Qué quieren que les diga, hoy sé que la nueva vida que ha llegado a este mundo me está dando una nueva vida y éste es el mejor regalo que uno puede recibir.

# 37

## La gran paradoja de la vida

*Qué curiosa es la vida y cómo las etapas se van
cubriendo casi sin darte cuenta, pero a la vez,
se producen unos hitos especiales que son los que
te avisan de que hay un cambio de tercio.*

Hoy, tras despedir a nuestros hijos y nieto, pues se
han ido a Mallorca con los otros abuelos, hemos regresado a Barcelona. Paola volvía de sus tres meses en Londres y de su primera experiencia laboral. Ha trabajado en
Nomura, en banca de inversión, y ha vuelto fascinada.
Paola en estos tres meses ha hecho un cambio brutal que
se avecinaba pero que no queríamos ver. De golpe se ha
hecho mujer e independiente. Sin duda, seguimos siendo
su punto de referencia, y como dice Cris, sus «consejeros», pero ella tiene muy claro su camino y toma con seguridad sus propias decisiones. Pregunta, pide consejo,
pero ella decide. La he encontrado tan cambiada que he
sufrido un *shock* importante. Ahora marcha por cinco
meses a Los Ángeles, a la Universidad del Sur de California (USC). Ella se lo ha organizado todo. Apartamento,
coche, viaje... Marcha pasado mañana y habrá sido un

visto y no visto. No sé, pero tengo una sensación paradójica. Me siento feliz pues estamos finalizando una etapa con éxito, que es su formación como persona y profesional, como ya hicimos con Gaby, pero a la vez vemos cómo se va.

El futuro es incierto. Es posible que se vaya a trabajar al extranjero y esto es magnífico, pero a la vez estamos Cris y yo viviendo el «síndrome del nido vacío». Analizado racionalmente, es fantástica su evolución y sus expectativas, pero a la vez, la sensación de pérdida, de que han pasado unos años que quizá no hemos aprovechado como hubiera sido deseable, me machaca por dentro. Sentimientos de culpabilidad de llegar noches tarde a casa, de viajes largos en estos años de trabajo intensos, me hacen pensar que me he perdido algo. Sé que es más una sensación que la realidad, porque he rechazado aficiones personales para estar con ellos y lo he hecho a gusto, pero ahora la sensación de pérdida es tan intensa que la tristeza me embarga.

Cris, que siempre es más sensata que yo, me dice que no podemos estar tristes. Estamos bien, con salud y hemos cumplido con nuestro deber y además seguimos queriéndonos con locura, así pues no tenemos derecho a la tristeza. Hay muchos que sufren de verdad y comparado con nosotros sí lo pasan mal. Es entonces cuando trato de ser lo más racional posible, algo difícil en mí, pues soy muy pasional y me doy cuenta de que sí, que tiene razón, pero nadie puede quitarme la sensación de pérdida, de pena que me corroe por dentro. Pienso que no voy a poder recuperar estos años que han pasado a velocidad de vértigo y en los que Paola era muy, muy nuestra y ahora va a volar por su cuenta como hicimos nosotros en su momento.

Pero qué distinto es irte tú a que se vayan tus hijos.

Así es la vida. No obstante, la naturaleza suele ser sabia y ahora que Paola empieza su nueva vida, aparece Gaby «peke», que va ser el remedio a estos sentimientos encontrados que estamos viviendo. Qué curiosa es la vida y cómo las etapas se van cubriendo casi sin darte cuenta, pero a la vez, se producen unos hitos especiales que son los que te avisan de que hay un cambio de tercio, como en los toros (con el perdón de los antitaurinos).

Pero volviendo a lo importante, siento que hemos dado un nuevo pasito en nuestra vida pero que, a la vez, éste se ha convertido en un enorme salto hacia delante. Éramos padres ocupados en criar, formar, educar y encaminar a nuestros hijos y esta tarea casi está terminada, aunque uno jamás deja de ejercer como padre, para convertirnos en abuelos y ver cómo tus hijos pasan de recibir tus consejos a dártelos y esto hay que saber asimilarlo, entenderlo y apreciarlo. Es la gran «parajoda», perdón, paradoja de la vida.

# 38

*Tots units fent força*
El camino de la vida...

El título del capítulo no puede engañar. Esta frase es una de las más importantes del himno del Barça. ¿Por qué este capítulo? Sencillo, pues tras el nacimiento de Gaby «peke» hemos vivido el primer título del Barça, la Liga 2009/2010. Gaby «peke» ha vivido con tres meses su primer título y además como socio del Barça, pues lo es desde el día en que nació gracias a mi Blackberry y a que la buena gente del Barça estaba esperando mi correo electrónico con su primera foto, que es la que ya consta en su carnet de socio. Es más, veinte minutos después de nacer en un sitio también muy especial para mí y ahora para nuestro hijo Gaby, en USP Instituto Universitario Dexeus, hospital que tuve el honor de adquirir en 1998, luego construir una nueva instalación que se inauguró en 2007 y gestionarlo durante doce años, desde la empresa que fundé, USP Hospitales. Ahora es nuestro hijo Gaby y padre del «peke» quien lo gestiona desde hace un año. ¿Qué más se puede pedir? Al igual que con el Barça en esto también estamos *«units i fent força»*.

# 39

## Sigo aprendiendo y disfrutando de mi nuevo oficio

*Ahora me toca reemprender una nueva etapa
de mi vida y aprender un nuevo oficio,
el de abuelo.*

Gaby «peke» ya tiene un mes. Parece todo un hombrecito. Además, como nació grande y ahora ya pesa 5,5 kilos, parece mayor de lo que en realidad es. Entre nosotros, él sigue a lo suyo, que es comer (mamar que es más preciso), dormir, hacer sus necesidades y cada día que pasa va descubriendo nuevas cositas. Sus ojitos no paran de escudriñar todo lo que le rodea.

Me encanta cuando está despierto y entonces intento achucharle tanto como puedo. Su padre también no para de hacerlo y me cuenta lo que hace Gaby «peke» cuando lo achucha sin parar o cuando lo acuesta en su cama, acurrucándole a su lado. Recientemente le regalé a nuestro hijo un libro que se acaba de publicar en el que he tenido la suerte y el honor de poder participar y que se titula *Soy padre, dicen ellos.* Ahí, un conjunto de padres, muy heterogéneo pues somos todos muy distintos, nos dedicamos a explicar nuestras vivencias más destacadas como padres a lo largo de nuestras vidas. Hay historias divertidas, otras emocionantes y las más, muy pedagógicas. Somos un conjunto de papás a los que Bea Galán y Sara Fontacaba invitaron a escribir sobre nuestras experiencias más destacadas como padres.

Pues bien, este libro me ha permitido transmitirle por escrito a nuestros hijos lo que representaron y supuso para nosotros su nacimiento y cómo aprendimos de la nada a ser padres, y en mi caso, desempeñar en aquel tiempo mi nuevo y más importante oficio: ser padre. Ahora me toca reemprender una nueva etapa de mi vida y aprender un nuevo oficio, el de abuelo. En ello estoy. Por cierto, hoy he leído un artículo en la revista *Yo Dona* que me ha llamado la atención: una entrevista a María Ángeles Durán, catedrática de Sociología y profesora de investigación del CSIC, en la que dice algo que me ha sorprendido y que me gustaría compartir. Durán afirma: «Si todas las abuelas de este país hicieran huelga de cuidar a sus nietos, su efecto sobre la economía sería más decisivo que una huelga de conductores.» Sí, seguro que sí, y si a ellas se añadieran también a los abuelos, pues imagínense lo que sería, el despiporre económico que sufriría el país...

Curiosamente unos meses después, en la huelga general convocada en nuestro país el 29 de septiembre de 2010, a los sindicatos se les ocurre la idea genial de convocar a los abuelos a la huelga de brazos caídos. Imagino que estos señores no son abuelos. ¡Qué lastima!

Por cierto, no puedo terminar este capítulo, escrito a altas horas de la madrugada, sin mencionar que hoy ha sido la primera vez que los tres Gabys hemos visto un partido de fútbol juntos, el Madrid-Barça, partido una vez más denominado como el del siglo. Algunos incluso le han dado el título del partido del milenio y una vez más se ha llegado a la cita con el morbo de siempre, pues ambos equipos han llegado empatados a puntos y en un *sprint* final de la Liga muy emocionante. El partido ha sido de nuevo de dominio azulgrana total, en el que Pep Guardiola, Messi, Xavi y compañía han dado una vez más una lección de lo que es jugar a fútbol, que no es nada más ni nada menos que armonizar las cualidades del colectivo y a la vez paliando conjuntamente sus defectos en favor del equipo. Es un ejercicio de solidaridad y generosidad de todos sus componentes que a su vez tienen al mejor director de orquesta y al solista más excepcional de la historia. Desde que nació Gaby «peke» y lo hizo con el primer gol de Messi en su recital ante el Stuttgart, nuestro Barça sigue imparable. Qué entrañable ha sido abrazarnos los tres Gabys y después del partido, imaginaos al «peke» ahí en medio cantando el «oe, oe, oe» todos juntos, nieto, padre y abuelo. Estas cosas son las que hacen que la relación familiar sea algo muy especial. Entre otras cosas, nuestro Barça es otro punto de encuentro. Hoy dormiremos todos felices y satisfechos después de la victoria del Barça por 0 a 2 en el Bernabéu, en un partido que era crucial para el destino de la Liga. Messi ha demostrado una vez más que es un jugador extraordinario, uno de los mejores de la historia, que ya está en el repóquer de los mejores pero que sigue siendo el de siempre: cuando le han preguntado si había demostrado que era mejor que Cristiano, ha contestado que lo importante es que el Barça sí ha demostrado que era mejor que el Madrid.

# 40

## La primera vez

*Han sido unos días maravillosos, especialmente
imborrables, donde la primera vez ha sido el actor
principal y eso jamás lo olvidaremos, jamás.*

Estamos en nuestro refugio del mundo, nuestra querida Menorca. Fornells, antiguo pueblecito pescador
ideal para descansar e idóneo para ir con niños pues está
situado en la bahía de Fornells y es un *cul de sac* donde
pueden moverse libremente y a la vez están controlados
por sus padres o abuelos.

Pues bien, Gaby júnior, Catiana y Gaby «peke» llegaron el 16 de agosto, en plena canícula aunque este verano ha
sido de los más variables meteorológicamente hablando de
los últimos años; no obstante, hasta en esto hemos tenido
suerte y los cuatro días han sido espléndidos.

Por supuesto el título de este capítulo tiene mucho
que ver con la vida de Gaby «peke». Por primera vez ha
subido a un avión y ha realizado su primer vuelo. Se
ha portado según sus padres como un campeón y todo un
veterano en estas lides, pues ha dormido durante todo el
vuelo. También ha vivido su primer baño en el mar y hay

que ver cómo movía brazos y piernas, vaya energía. Ha sido en cala Turqueta y lo ha pasado en grande. Teníamos dudas de si debíamos bañarlo, pues no olvidemos que este mismo día cumplía 5 meses. Pero se ha portado súper y es que el mar es mano de santo. Le habíamos comprado una barquita con cara de tortuga para empezar, ahí lo embarcamos. Luego ya cerca de la playita lo hemos «desembarcado» y le hemos bañado y hemos podido comprobar que le entusiasma el agua. Pataleaba sin parar. Hemos repetido los días siguientes en Cabra Salada y Pudent. Todo un éxito. La siguiente primera vez, ésta menos exitosa, ha sido con la primera papilla de frutas. Ahí sí que el pequeño Gaby se ha resistido y la especie de impermeable que le ponen, vaya invento, ha quedado cubierto de papilla y alguno de nosotros también, pero hay que pelearlo y seguir insistiendo.

Han sido días de vida. Verle sonreír, pues es simpático a morir. Sentir ya sus gorgoritos y sus conversaciones a su manera. Ver cómo observa todo constantemente. Jugar y disfrutar con él. Achucharle y ver cómo te busca para que le hagas todo tipo de achuches. Ver cómo se duerme con su muñeco o mantita encima de su cara como si fuera Linus. Observar cómo sus padres le miman, le cuidan, le educan, es una gozada. Sentir que una nueva generación a través de una nueva vida te empuja a otra etapa de tu vida. Es una situación paradójica que explicaré en el próximo capítulo, pero éste merece terminar con alegría. Han sido unos días maravillosos, especialmente imborrables, donde la primera vez ha sido el actor principal y eso jamás lo olvidaremos, jamás. Con Cris sólo pedimos que nada cambie. Somos felices.

# 41

## Abuelos novios

*Nuestra vida ha vuelto al origen, a nuestros
inicios como pareja.*

Es curioso cómo sin darte cuenta los acontecimientos
te arrastran y te conducen a acomodarte a las nuevas circunstancias. Nosotros no hemos cambiado, pero sí una
buena parte de nuestros hábitos. Nuestros hijos ya no
están en casa y mientras Paola está en el extranjero, Gaby
vive con Catiana, su esposa, y su hijo, nuestro nieto, con
sus compromisos y su vida. Aquel núcleo familiar se
mantiene en lo virtual pues seguimos muy en contacto,
muchísimo, pero el físico, para mí fundamental, con las
caricias, la mirada, el tacto, los besos, se ha reducido a
momentos esporádicos. Es curioso cómo algo que se
avecinaba y me sentía incapaz de asumir, lo hemos asumido y ya convivimos con ello.

Nuestra vida ha vuelto al origen, a nuestros inicios
como pareja. Estamos solos, nos sentimos aún jóvenes y
hemos decidido alternar nuestras obligaciones profesionales y familiares con una segunda y más madura luna de
miel que saboreamos muchísimo y a su vez compartimos

con los momentos «abuelísticos» con felicidad. Es decir, somos unos novios abuelos. No está mal, ¿verdad? Pues lo recomiendo. No es nada más que compaginar la madurez con el espíritu joven y ansias de vivir y disfrutar de algo tan hermoso como es la vida. En ello estamos.

# 42

## Berlín y la Mona de Pascua

*Ha sido un día especial por muchísimas razones.*
*Hemos rememorado cada uno de nosotros*
*tantos y tantos recuerdos... En pocas horas.*

Hoy hemos volado de regreso de Berlín. Estamos en Pascua y hoy celebramos el día de la Mona, que es una tradición que celebramos en Cataluña y también en otros lugares de Europa. La Mona suele ser un pastel acompañado con figuras de chocolate. La tradición parece que se inició con los huevos de chocolate.

Pues bien, ahora estamos de regreso para celebrarlo en casa con los dos bisabuelos, que están emocionados y ansiosos de ver de nuevo a su bisnieto. Para ellos es una nueva experiencia que les da vida y les permite disfrutar el presente con renovada ilusión y afrontar el futuro con fuerza.

Comeremos en nuestra nueva casa y sólo faltará Paola, que se ha quedado en Berlín pues ahí está disputando la Copa de Europa de hockey hierba de clubes. Ganaron a las campeonas escocesas por 3 a 2 y perdieron con las alemanas por el mismo resultado. Hoy, mientras nosotros regresamos, ella disputará un partido dificilísimo con las holandesas, las mejores de Europa. Hasta ahora han jugado muy bien y Paola, antes de empezar el campeonato, me decía que se sentía feliz. Luego ha jugado de maravilla. Esto demuestra una vez más que si estás bien contigo mismo y disfrutas con lo que haces, lo sueles hacer bien.

Cris y yo tenemos muchas ganas de volver a ver a nuestro «peke».

Finalmente, ya en casa, hemos celebrado la primera fiesta de la Mona de Pascua con nuestro nieto Gaby, sus padres y la presencia histórica de los dos bisabuelos, que estaban encantados y felices. Intento imaginar lo que debe ser llegar a bisabuelo y poder observar con orgullo cómo la familia que iniciaste sigue progresando y lo puedes presenciar y disfrutar en plenitud.

Ha sido un día especial por muchísimas razones. Hemos rememorado cada uno de nosotros tantos y tantos recuerdos... En pocas horas.

Ahí estábamos Gaby hijo, padre y el abuelo. Ha sido algo que mientras volábamos hacia Barcelona esta mañana imaginábamos y ahora ya era real. Ayer compramos en la pastelería más conocida de Berlín un osito de chocolate acompañado de un delicioso pastel que hoy hemos ido a buscar a la pastelería de Oriol Balaguer. Luego lo hemos regado con un cava catalán de las bodegas Raventós rosado llamado «Nit» (noche en catalán) que estaba delicioso. Ha sido un día que no olvidaremos.

# 43

## Sant Jordi

*Pues bien, este Sant Jordi he querido regalarle a Gaby «peke» sus primeros libros y éstos han sido elegidos con esmero.*

Hoy, un año más, hemos celebrado el día de Sant Jordi. Para mí es el día más bonito del año para la ciudad. Barcelona se engalana y todo el mundo sale a la calle. Las rosas, los libros, la solidaridad y el afecto flotan en el ambiente.

La tradición dice que los hombres regalan rosas a las mujeres que quieren, parejas, madres, abuelas, hijas, hermanas, y ellas a ellos, libros. La verdad es que la sociedad ha evolucionado y los regalos son tanto de rosas y libros entre todos. ¿Qué más hermoso que una rosa y un libro juntos? Yo he podido tener mi pequeña aportación literaria con mis libros *Aprender de los mejores* y *Cartas a Álex* y también mi colaboración en libros especiales como *Soy padre, dicen ellos*, *Liderazgo Guardiola*, *Lo que mueve mi vida* y *Reflexiones ante la muerte*, entre otros. No está mal, ¿verdad?

Me encanta escribir, lo he dicho cientos de veces y

soy afortunado porque además de poder hacerlo, tengo quien me lo publica y edita, lo que me permite compartir mis pensamientos, ideas y sentimientos con otros. Ahora sólo me falta escribir una novela y algún día lo haré.

Pues bien, este Sant Jordi he querido regalarle a Gaby «peke», sus primeros libros y éstos han sido elegidos con esmero. El primero, un cómic de la colección de Tintín, *El cangrejo de las pinzas de oro*, mi cómic preferido cuando era niño. Y tampoco podía faltar mi otro cómic idolatrado, *Astérix el Galo*. Junto a ellos un tercer libro titulado *Estos monstruos sanos*, un magnífico libro del eminente cardiólogo Valentín Fuster en el que muy pedagógicamente enseña hábitos saludables a los niños a través de los Muppets, Epi y Blas para nosotros. El libro es magnífico y espero sea útil para nuestros hijos en su educación con Gaby «peke». En fin, éste ha sido un Sant Jordi especial, como lo fue en 1998 cuando, tras fundar USP Hospitales, la primera adquisición que hicimos fue la del Institut Universitari Dexeus este día precisamente y lo celebramos con rosas y libros.

# 44

## Gajes del oficio

*En mi caso, hasta ahora no había tenido ni una
cana. Pues bien, de golpe también, éstas han
aparecido por doquier y, claro, ya parezco
un poquito más abuelo.*

Este capítulo tiene hasta un punto de divertido. Tanto Cris como yo estamos físicamente bien, nos cuidamos, hacemos deporte, vigilamos la alimentación, ella mucho más que yo... Pero mucha gente se sorprende cuando saben que ya somos abuelos, pues perdonen la inmodestia, no lo aparentamos.

Pues bien, ha sido convertirnos en abuelos y de golpe y porrazo Cris ha tenido que ser operada de ambas manos de un estrechamiento del túnel carpiano. Yo que jamás me había lesionado ni roto nada, de golpe y sin motivo alguno, la rodilla derecha ha empezado a dolerme y se me ha hinchado tanto que no puedo ni doblarla y me temo que me tendrán que reparar. En mi caso, hasta ahora no había tenido ni una cana, cosa que provocaba el jolgorio e incredulidad de amigos y conocidos que creían que me teñía. Pues bien, de golpe también, éstas han aparecido por doquier y, claro, ya parezco un poquito más abuelo. En fin, ésta es la anécdota de esta historia. Dios quiera que siga así por muchos años, eso sí, pero que funcione todo, rodillas y manos incluidas, con mucha salud y que podamos disfrutar de los nuestros y de esta vida que pasa a velocidad de vértigo.

# 45

## Por fin estreno de verdad: fin de semana completo

*La experiencia ha sido inolvidable. En estos momentos, mientras escribo estas líneas, estoy en la cama y lo tengo profundamente dormido pegado a mí, piel con piel.*

Ayer 21 de mayo llegó el día esperado. Gaby y Catiana nos dejaron a Gaby «peke» pues tenían un compromiso ineludible el fin de semana. Aún tengo en mi retina las lágrimas de nuestro hijo al dejarlo. Era nuestro estreno de verdad como abuelos. Hasta ahora lo habíamos tenido ratitos pero aún no habíamos ejercido de verdad como tales. Esta vez ha sido un fin de semana completo.

La experiencia ha sido inolvidable. En estos momentos, mientras escribo estas líneas, estoy en la cama y lo tengo profundamente dormido pegado a mí, piel con piel. Qué gozada. Estos días hemos aprovechado para achucharle y mimarle como anhelábamos. Es cierto que gracias a Cris, yo hasta ahora me retenía porque ella, que es mucho mas sensata que yo, me obligaba a no propasarme, pues me lo hubiera comido a besos, pero ahora, estos días, no he podido retenerme. Nos hemos bañado juntos en la bañera. Como digo yo, han sido las primeras clases de natación, je, je. Vaya pasada verle casi flotando solo y supercontento y relajado. A su vez, nos ha rejuvenecido pues los biberones, los cambios de pañales, dormirle en nuestros brazos, ayudarle a calmarle sus retortijones, en especial cuando lloraba, es ejercer de verdad. Debo decir que en esto Cris es genial, una superabuela. Ahí se nota la gran madre que ha sido y además su experiencia como enfermera pediátrica es impagable. Gracias a ella, yo he podido dedicarle más tiempo a actividades lúdicas, aunque he dado biberones y cambiado pañales además de pasearle en brazos para calmarle. Gracias, Cris. Pero lo más chulo, lo más placentero, ha sido tenerle en brazos y mimarle y besarle sin cesar. El súmmum ha sido saltarnos las normas y dormir con él las dos noches y tenerle entre los dos en nuestra cama y sentirle tan cerca, tan nuestro que he comprobado que todas las historias, experiencias que otros abuelos me contaban o he leído, se quedan cortas. Y por favor, ¡no se lo cuenten a nuestros hijos!

Ayer a mediodía, después de darle el biberón correspondiente y asearle, nos fuimos de paseo. Fueron cuatro horas paseando por Barcelona. Aprovechamos para hacer algunas compras y nos fuimos a comer a un pequeño restaurante que hay en el barrio de Sarrià llamado Gouthier, en donde estuvimos tomando un pica-pica en su terraza. Allí Gaby aprovechó de nuevo para comer en brazos de su abuela y es que el «peke» es un tragón de cuidado. Cuando tiene apetito empieza a llorar con tal desespero que no para hasta que no le das el biberón. Entonces cesa de llorar y empieza a tragar como un glotón y así está de hermoso. Y es que engulle como un campeón.

También, y como buen futbolero que seguro será, vimos juntos la final de la Champions, entre el Inter, que ganó con José Mourinho como líder, frente al Bayern de mi otro buen conocido Louis van Gaal.

Ahora hace unos minutos, sus padres, nuestros hijos, han venido a recogerle y ahora que ya no está se ha producido un vacío en casa. Paola está en Amsterdam y regresa esta noche. Al marchar Gaby «peke» se me han saltado las lágrimas, esta vez a mí, al abuelo.

## 46

## El primer título del Barça de Gaby «peke» y el nuestro como abuelos

*Fijaos que el socio 176.329 ya ha celebrado su primer título recién nacido.*

Parece imposible. Hace unos meses estaba en la barriga de su madre. Hace dos meses nació e inmediatamente le hice socio del Barça. Hoy hemos disfrutado del primer título de Gaby «peke» ya en nuestro mundo, probablemente la Liga española más disputada de los últimos años con récord de puntos, 99, y con Leo Messi como Pichichi y Bota de Oro europea con 34 goles. Increíble. Yo quería llevarme a Gaby «peke» al campo, pero no me han dejado... Ha sido una gran fiesta y estamos felices. Eso sí, en casa lo hemos celebrado a lo grande con cava y cantando el himno con Gabito en brazos. Ha sido genial y emocionante. Fijaos que el socio 176.329 ya ha celebrado su primer título recién nacido.

Yo recuerdo que mi padre me llevó al Camp Nou el día de su inauguración con tan sólo 4 años; para «ganar» el primer título tuve que esperar dos más con Helenio Herrera, y luego para el siguiente tuve que esperar catorce años. Esta experiencia de ser abuelo es genial. Disfrutamos cada momento, cada gesto nuevo, su mirada, las primeras sonrisas... Ya tengo la camiseta que le ha firmado todo el equipo de las 6 copas, dedicado a él. No me negaréis que Gaby «peke» está predestinado. Esto es genial y yo soy feliz.

Además Xavi Pascual y su *dream team* se han proclamado campeones de Europa de baloncesto arrasando al Olympiacos en una final impresionante. Gaby, y ya van dos. Pronto espero que nuestros baloncestistas nos den la Liga y con ello harían el triplete y tú también. Qué locos y forofos somos los culés. Eso sí, siempre con pasión, pero también con enorme respeto al rival. ¡*Visca el Barça*, Gaby «peke»!

Pido disculpas a aquellos lectores que no sean culés, pero quiero que este libro, una vez más, sea la pura expresión de mis emociones con toda transparencia, pues es la mejor forma de compartir y ofrecerte a los demás, tal cual eres. Gracias por la comprensión.

# 47

## Primer cumpleaños como abuelo

*Cuatro generaciones juntos, felices y con salud.*
*¿Qué más se puede pedir?*

Acabo de cumplir 57 años. Cada cumpleaños suele ser distinto. Siempre hay algo o alguna circunstancia que lo hace especial. Esta vez mucho más. He cumplido años por primera vez como abuelo. ¡Ahí es *ná*! Lo hemos celebrado en casa, todos juntos. Han venido también los dos bisabuelos, mi madre y mi suegro. Gaby «peke» y yo hemos apagado juntos las velas. Qué sensación tan especial sentir al bebé sentado en mis rodillas, observando con curiosidad las velas. Y por supuesto, las fotos de rigor, entre ellas una que será inolvidable, la de todos, cuatro generaciones juntos, felices y con salud. ¿Qué más se puede pedir?

Ha sido un día especial e inolvidable, y para que lo sea más, estas líneas que si Dios quiere acabarán plasmadas en mi nuevo libro.

Realmente esta nueva etapa de nuestras vidas es especial. No es tan sólo ser abuelo, sino el cambio de mentalidad que te invita a vivir esta nueva situación. Me siento el mismo pero distinto a la vez. Es una sensación única que nos hace sentir especiales, más maduros, más completos como personas; como decimos con Cris, casi con todos los deberes de la vida realizados.

# 48

## China

*Tu hijo, además de enseñarte, empieza a cuidar
de ti. Será que nota que ya eres abuelo.*

Mi hijo Gaby y yo, invitados por el profesor y amigo
Pedro Nueno y el director de economía de *La Vanguar-dia*, Manel Pérez, fuimos a Shanghai a visitar y conocer
más y mejor esta espectacular ciudad que en diez años ha
pasado de una ciudad china al uso a una ciudad moderna
y espectacular. Ya allí, junto con otros empresarios cata-lanes, en el CEIBS, prestigiosa escuela de negocios crea-da por Nueno hace pocos años y que ya está al nivel de
las mejores del mundo, en aquel adecuado foro y tras
visitar la espectacular Exposición Universal, tras visitar
el precioso pabellón de España realizado por la arquitec-ta Benedetta Tagliabue y el precioso pabellón de Barce-lona, realizamos varias sesiones de trabajo para discutir y
analizar qué debe hacer una ciudad como la nuestra para
afrontar el futuro con garantías y cómo debería plantear
su estrategia futura ante la competencia de ciudades
emergentes como Shanghai y países como China. ¿Com-petir? ¿Aliarse? ¿Compartir? Fue un debate muy intere-

sante que Manel Pérez reflejó pulcramente en las páginas de *La Vanguardia*. Además en Shanghai conocí a Telma: *connecting the dots!*

Después de tres días de trabajo, Gaby y yo decidimos dedicar el día y medio que nos quedaba a conocer y patear la ciudad para saborearla y conocerla más a fondo. Gaby ya había estado en ella con el IESE, cuando terminó su EMBA, pues estuvieron en Pekín y Shanghai. Fue la primera vez que se intercambiaban los papeles. Mi hijo me hacía de guía y me enseñaba una ciudad extranjera. ¡Ley de vida! Fue una sensación extraña pero a la vez hermosa y reconfortante. Te das cuenta de que los enormes esfuerzos realizados han valido la pena. Tu hijo, además de enseñarte, empieza a cuidar de ti. Será que nota que ya eres abuelo.

Y al final, lo más importante, los regalos para Gaby «peke». Nos pateamos la ciudad en busca de una juguetería en la que encontrar juguetes adecuados para un bebé de tres meses. Al final lo encontramos en un *megastore* y allí recordé viejos tiempos. Hacía tantos años que no compraba juguetes de este tipo. Recordé viejas sensaciones y rememoré recónditos recuerdos que compartí con Gaby. Fue una sensación curiosa y la única parte del viaje en la que yo le asesoré a él. Allí compramos varias cosas y felices nos volvimos al hotel para poder regresar a casa con los nuestros y el objetivo del viaje sobradamente cumplido.

Tan lejos y tan cerca. China, aquel país casi inaccesible hace no muchos años, ahora al alcance de la mano. El mundo sigue cambiando y evolucionando imparablemente y quien no sea capaz de adaptarse a él, lo pasará mal. La llamada globalización existe, pero no es otra cosa que las corrientes migratorias para «buscarse la vida» de toda la vida a las que los humanos nos hemos tenido que adaptar para sobrevivir, con la peculiaridad de que gracias a la tecnología y los avances de todo tipo, han reducido el tamaño de nuestro querido y a veces maltratado mundo. Esto es lo que a veces me da que pensar. ¿Es éste el mundo que queremos para nuestros hijos y nietos? ¿De verdad pensamos lo que hacemos? ¿Nos interesa dejar un legado o sólo vivimos al día y luego «Dios proveerá»? Me temo que esto último es lo que impera. Ojalá me equivoque.

# 49

## 24 de julio

*Tienes tanta razón, tenemos una familia*
*fantástica, unos hijos excepcionales. ¡Y salud!*
*¿Qué más se puede pedir?*

Un día muy especial, es más, ha sido un fin de semana
que será inolvidable para mí. Se ha terminado ya. Sigo en
nuestra casa del Empordà, solo. He querido quedarme
solo pues debo terminar algunos escritos que tengo pen-
dientes para entregar a *Marca* y *Expansión*, así como la
finalización de los últimos capítulos de este libro, y este
rincón es un remanso de paz y belleza que me permite
aislarme del mundo, muy parecido a lo que me sucede
con el mar de Menorca.

Insisto en que me he quedado solo y es curioso porque una sensación extraña, casi olvidada, me ha invadido.
Desde hace tiempo no sentía la soledad como la siento en
estos momentos. Hace unas pocas horas, estábamos toda
la familia junta. Ayer, día 24, celebramos el santo de Cris.
Estábamos todos. Paola, que está trabajando en Londres,
se vino a pasar el fin de semana con nosotros. El primero
que tiene de fiesta en dos meses. Desde que llegó a Lon-

dres, donde trabaja de 16 a 18 horas diarias aprendiendo un trabajo que debe forjarla para el futuro, no ha parado. Es un trabajo muy duro pero le gusta, y aunque a veces le cuesta, no se queja, al contrario, agradece la oportunidad y la vemos feliz. ¿Que está cansada? Pues claro, y seguramente más que los controladores aéreos, que gracias a su huelga encubierta, han provocado que llegara con cinco horas de retraso a las tres de la madrugada... Así nos va y así nos irá si no lo remediamos.

Pero al fin ha podido pasar el fin de semana con nosotros y verla de nuevo; poder tenerla ha sido una gozada. También han venido Catiana, Gaby y Gaby «peke». Qué pasada el bebé. Está hermoso. Cuatro meses y casi 8 kilos y 67 cm. Cris y yo lo hemos disfrutado una barbaridad. Hizo sus pinitos en la piscina. ¡Cómo movía los brazos y los pies! Le encanta. Se nota que es nieto de un nadador, je, je, je... Yo lo he bañado en la piscina contra la opinión de sus padres, que como padres sufren porque dicen que el agua está demasiado fría. Luego el «peke» y yo nos hemos metido «obligados» en una de plástico que le han comprado sus padres. Ya veis cómo debo verme. Un nadador como yo y metido en una piscinita de plástico con mi nieto... Pero han sido unos días excepcionales. Hasta mi madre, bisabuela ya, paseándose por ahí ¡y en biquini la señora! Y es que está hecha un trueno. Yo firmo ya estar como ella dentro de veinte años.

Celebramos el santo de Cris en un restaurante amigo y que nos encanta, el Iberic de Ullastret, en donde nos tratan superbien y comemos mejor. Ahora estoy en el jardín, escuchando el ruido del viento y viendo el atardecer. Han marchado todos y me queda el recuerdo de las fotos y los vídeos. Debo reconocer que la nostalgia me embarga. Querría escribir que estoy triste, pero Cris, con sabiduría, me dice que no puedo ni tengo derecho a estarlo y tiene razón. Cris, ¡te echo de menos! Tienes tanta razón, tenemos una familia fantástica, unos hijos excepcionales. ¡Y salud! ¿Qué más se puede pedir? Cris siempre suele tener razón y es quien me equilibra, pero yo soy así, tengo la necesidad de tenerlos cerca, de poder verlos, de achucharlos, de besarlos y para mí esto es muy importante. Cuando estamos juntos es una sensación de felicidad enorme y una satisfacción increíble. Luego, pues la vida es así, cada uno debe regresar a su quehacer, a sus propias vidas, y aunque lo entiendo y la razón me dice que debe ser así, el corazón se resiste y tengo sensación de vacío. Supongo que ésta es la gran contradicción de la vida. Me pasó cuando Gaby se casó. Fue como si me arrancaran un trozo de mí y lo pase mal. Catiana, su esposa, y él supieron curarme a su manera y se lo agradezco de corazón. Siempre que pueden nos acompañan y están con nosotros, y ahora con el «peke», más. Ahora la misma sensación la tengo con Paola. Está acabando la carrera en Esade y ya está trabajando en Londres tres meses. Luego a finales de agosto, sólo pasando dos días por Barcelona, se va cinco meses a California, a Los Ángeles, y sólo de pensarlo, se me hace una eternidad. Además, cuando regrese, se graduará y se irá unos años a Londres, y aunque yo he sido siempre un defensor de que hay que patearse el mundo en busca de oportunidades pues España está pasando momentos difíciles, esta teoría que siempre he defendido y que he empleado, ahora me resisto a defenderla con Paola cuando veo que nuestros hijos pueden acabar trabajando en otra parte del mundo, lejos, y se me hace cuesta arriba. Es curioso cómo con la edad te transformas y cambias. Y si eres abuelo, más.

Mientras escribo estas líneas, Contador ha ganado su tercer Tour de Francia y Fernando Alonso acaba de ganar el Gran Premio de Alemania de Fórmula 1. Es la gran paradoja de nuestro país, pues en casi todos los deportes destacamos y estamos consiguiendo éxitos insospechados y que no son fruto de la casualidad, y en casi todo lo demás estamos tratando de no naufragar con visos de que la situación será así durante algunos años, lo que no es bueno porque nuestros hijos quizá tengan que buscarse la vida en otros lares y esto representa tenerles lejos y no poder disfrutar de ellos. Así es la vida, así la siento y así la cuento.

# 50

## Abuelos en blanco

*Deseo como siempre que mi club, el Barça, gane
siempre y si así es me alegro un montón, pero
ello no es óbice para que tenga amigos, buenos
amigos, en el club más rival, el Real Madrid.*

Éste es quizás el capítulo singular del libro. A nadie
engaño cuando en el libro me declaro como «culé», es
decir, fan del F.C. Barcelona empedernido, pero con la
edad he aprendido muchas cosas. Entre ellas que rival no
es lo mismo que enemigo y que no todo vale para ganar.
Desde que asumí estos principios mi vida ha cambiado.
Deseo como siempre que mi club, el Barça, gane siempre
y si así es me alegro un montón, pero ello no es óbice
para que tenga amigos, buenos amigos, en el club más
rival, el Real Madrid. Empezando por su presidente, Flo-
rentino Pérez, que siempre me ha demostrado un cariño
enorme. Por Vicente del Bosque, el gran Vicente, ahora
Campeón del Mundo y hacedor de la gran hazaña del
fútbol español en toda su historia. Nos unen Álvaro y
Álex y esta unión es muy fuerte. Emilio Butragueño, que
siempre está al lado de la Fundación Álex. Y ahora, el
que será siempre símbolo del Real Madrid, Raúl. Por cir-

cunstancias de la vida, por distintos vericuetos, nos hemos encontrado y hemos iniciado una bonita amistad. De hecho Raúl acaba de dejar el Madrid para acabar su carrera en Alemania, en el Schalke 04. Ha sido para él y su preciosa familia una decisión difícil, pero como nosotros, las toman en «equipo» y así las cosas suelen funcionar. Pues bien, estando con Raúl y Mamen, hablando y hablando de nuestras cosas, salió el tema abuelos y mi libro. Mamen nos dijo que le recordábamos a sus padres y cómo ejercían de abuelos. Pues bien, le pedí si sus padres podrían escribirme unas líneas con sus sensaciones y así ha sido. Lo curioso ha sido leer lo que Carmen, la madre de Mamen, ha escrito. ¿Sabéis?, parecía que lo hubiera escrito yo mismo. Esto es prueba inequívoca de que ser abuelo es algo innato y que el día que llega todos lo hacemos lo mejor que sabemos y podemos y que a pesar de no haber sido enseñados, nuestro ADN aflora y nos permite mostrar nuestro amor, devoción y pasión por aquellos que tanto queremos. A continuación leeréis el escrito de Carmen Sanz, que podría ser el de cualquier abuelo de este mundo, da igual de dónde sea, los sentimientos no tienen colores, razas, religiones ni nada que los separe. Esto es lo que nos hace tan humanos, muchas veces para bien y otras, no tanto.

Empezaré contando que cuando fuimos abuelos (o podría decir yayos, como nos llaman mis nietos) yo tenía 49 años y mi marido 51. Tengo que decir que tenemos tres hijos maravillosos, pero los embarazos y los partos fueron para olvidar, estuve de reposo e ingresada un mes.

Eres muy joven y no tienes tiempo de recuperarte y estás agotada, era otra época, lo tienes que hacer todo tú sola, no tienes tiempo de jugar con ellos pero recuerdo que éramos muy cariñosos cuando eran pequeños. Nunca pensé que iba a tener este sentimiento cuando fuese yaya. Alguna vez lo hablaba con mi marido y yo decía que ya nos habíamos sacrificado mucho de jóvenes para hacerlo con los nietos, no imaginaba lo que era este sentimiento; se los quiere tanto como a los hijos.

Cuando mi hija se quedó embarazada el sentimiento era de ilusión y de inquietud, pero no era de esas madres que están locas con la tripa y las ecografías; no así mi marido, que le encanta darle besitos en la tripa (es su niña).

Cuando nació Jorge tienes miedo por tu hija, pero cuando le ves es una ternura y sientes un cariño que sólo tienes ganas de estar con él. Como mi hija era muy joven, si lloraba enseguida preguntaba: «¿Mamá, qué le pasa, mamá, qué tiene?» Y yo ejercía un poco de madre, no se atrevía a cambiarle el ombligo (lo normal en una primeriza), y como el marido viajaba pasábamos mucho tiempo con él.

Recuerdo que tenían una nani y yo no quería que le cambiase el pañal; lo quería hacer todo yo. Nos fuimos de vacaciones y mi yerno decía (con cariño): «Con tu madre no encontramos a nadie que le cuide.» No sé si por ser el primero o por estar tanto tiempo juntos tenemos algo especial. Cuando era pequeño me decía «te quiero hasta el cielo más alto del mundo», y ahora, con 10 años, me lo sigue diciendo y yo me derrito. A los tres años llegó Hugo, que es un ángel (qué va a decir una abuela...), y aunque ya cuentas con la sabiduría que da la experiencia, te hace la misma ilusión (o más...), aunque tenía miedo de que Jorge se llenara de celos. Mi marido se volcó más con él (por eso su pasión por el yayo); le encanta pasarle la mano por la cabeza y montar Legos y sobre todo que le lleve a la cama.

Pasaron tres años y otro embarazo... Todo normal pero una ecografía nos mostró que lo que llegaban eran ¡gemelos! No parábamos de llorar de miedo y de emoción.

Las madres tendrían que tener una niña aunque sólo fuera para ir de compras, y vivíamos con esa ilusión. Vives los embarazos y partos como si fuesen tuyos aunque pienso que las hijas están más unidas a los padres.

Y al fin llegó el parto; todo fue rápido y nada más nacer estábamos allí. Era preciosa porque después de cuatro niños era un sueño hecho realidad. Mi hija se encontraba genial y emocionada y tan repleta de sentimientos indescriptibles que sólo son alcanzables en la comprensión de una abuela.

Después de contar los nacimientos y mis sentimientos, contaré lo que siento después de diez años con la sosegada visión que da la edad.

Mi hija me ha regañado mucho por consentirlos, pero los niños saben mucho y acuden a mí cuando se quieren refugiar de las broncas maternas: un día le regañaba mi hija al mayor, Jorge, y él decía: «Yaya, sálvame, por favor...» Yo sin decir nada... Pero me caían unas lágrimas y mi hija decía: «Cuando me pegabas de pequeña no llorabas.» Pero aun pasándolo mal cuando los regañan no decimos nada. Aunque te duela eso no quiere decir que los malcríes; por la edad tienes más tiempo libre que de joven y juegas con ellos, los llevas al cine... Para nosotros eso es lo normal... Yo no he dicho tantas veces te quiero.

Mis hijos dicen que a ellos sí puedo estar sin verlos, pero no es lo mismo, que no se equivoque nadie, no es que los quieras más, pero por la edad se necesita ese cariño y esa ternura que te da un niño.

Todos los veranos nos quedamos con ellos una semana para que mis hijos salgan solitos, que viene muy bien al matrimonio, y lo estamos deseando tanto cuando era uno como ahora que son cinco. A la gente le sorprende lo que para nosotros es normal y cuando son las fiestas de mi urbanización se apuntan a todo, cantamos en el karaoke y van a los encierros, disfrutamos en la verbena...

Durante todo el año vamos a verlos entrenar a fútbol y el día de partido también asistimos al evento; algunas veces a las 8 de la mañana y a 4 grados bajo cero; por eso en el círculo de mis nietos nos llaman los superyayos; eso nos hace sentirnos necesarios, que a esta edad es muy bonito pues los hijos te quieren mucho pero tienen su vida y los niños te necesitan, tienen secretos y es otra cosa. Los abuelos seguro que me entienden y se verán reflejados.

Este año el mayor hizo la comunión y a María la bautizamos; la vida sigue con los plazos previstos y cada momento compartido con mis nietos adquiere una dimensión especial. Antes de ser abuela no pensé ni un momento en todo lo que, a la postre, me ha reportado. Y lo mejor está por llegar. Dejarán de ser niños. Los veremos hacerse adolescentes. Ojalá que adultos. Y sobre todo espero verlos convertidos en buenas personas.

MAMEN SANZ

# 51

## Noche de las estrellas fugaces

*Fueron noches e instantes inolvidables*
*que añoro mucho.*

Mes de agosto y estamos en Fornells, Menorca. Hoy es vigilia de San Lorenzo. Estos días de agosto coinciden con la lluvia de estrellas fugaces que cada año surcan el cielo. Las noches este año no son tan limpias como en anteriores, pero aun así se ven las estrellas cómo surcan el cielo. Aún recuerdo cómo durante años y años, primero con Gaby y luego con Paola, nos tumbábamos por la noche mirando el cielo, horas y horas viendo cómo las estrellas pasaban veloces por el estrellado cielo. Fueron noches e instantes inolvidables que añoro mucho.

Afortunadamente, mañana llegan Gaby, Catiana y Gaby «peke», mi estrella fugaz aparece en el momento idóneo. Quizá nos tumbemos dentro de pocos años para verlas juntos.

# 52

## Primer verano casi sin ellos

*Hacemos visitas y actividades esporádicas con el
«peke», pero repito, sin agobiar, que suele ser
uno de los «pecados» que cometemos los abuelos.*

Éste es un título que parece melancólico y triste. Podría serlo, pero no es así porque Cris y yo hemos asumido que la vida es así, ésta es su ley. Desde hace tres meses, Paola está trabajando en Londres en un banco de inversión. Regresa a finales de agosto y se marcha de inmediato a California, a Los Ángeles, a terminar sus estudios allí. Ya cuando Gaby júnior se casó y se fue de casa, sentimos una sensación de vacío. Ahora más, pero lo hemos asumido bien y Cris y yo estamos dedicándonos más a nosotros mismos y a cosas que antes por distintas circunstancias no pudimos hacer.

No nos sentimos solos, para nada, pero sí es una sensación distinta. Sigues preocupándote y a veces ocupándote de tus hijos. Quizás ahora le dedicamos más tiempo a nuestros padres, que nos necesitan más, y luego a nosotros mismos ya que ahora podemos. Además la irrupción del nuevo personaje en nuestras vidas es algo muy especial y que nos ha dado vida. No tratamos de agobiar a nuestros hijos intentando tenerles. Entendemos que ellos tienen su vida e intimidad y saben que nos tienen siempre que nos necesiten. Hacemos visitas y actividades esporádicas con el «peke», pero repito, sin agobiar, que suele ser uno de los «pecados» que cometemos los abuelos. Cris y yo pensamos que así, cuando lo tengamos y lo veamos, será porque debe ser así, por deseo y necesidad y luego, con el tiempo, a medida que se vaya haciendo mayor y nosotros también, iremos aumentando la relación con nuevas actividades. Así es la vida, así es su ley...

# 53

## Back to Barça

*Además vuelvo a una posición y una parte del*
*club que era la que más deseaba e ilusionaba*
*en estos momentos de mi vida.*

Hace muy pocos días Sandro Rosell me ha dado la confianza para asumir uno de los puestos de responsabilidad de la Fundación del F.C. Barcelona. Seré vicepresidente segundo, y con ello cumplo el sueño de volver al club ya por tercera vez y sacarme la espina que tenía clavada después de dimitir como vicepresidente de Joan Gaspart en su momento por causas archisabidas. Además vuelvo a una posición y una parte del club que era la que más deseaba e ilusionaba en estos momentos de mi vida.

Creo que la Fundación del Barça no tiene o no ha adquirido aún la importancia que merece. Creo que todos aquellos que hemos sido elegidos, si somos capaces de organizarnos bien con profesionalidad y rigor, podemos convertir la Fundació F.C.B. en una institución que sea la portadora de los valores, el ADN y el legado del Barça a todos sus seguidores en todas las partes del mundo. Ojalá algún día el Barça pueda lucir en su camiseta Fundació Barça. Será el signo inequívoco de que la institución habrá adquirido ya su madurez, pero para ello hay que trabajar mucho y hacer un plan a largo plazo que nos conduzca a este estatus.

Esta nueva posición me hace feliz pues se complementa con mi experiencia en fundaciones, en especial la Fundación Álex, y en la etapa de mi vida que estoy viviendo, donde lo que más me interesa es el legado que tanto a nivel individual, familiar o colectivo podemos dejar. El hecho de ser abuelo me ha mentalizado y sensibilizado muchísimo y es para mí uno de los objetivos esenciales de esta etapa de mi vida. Ojalá nuestros hijos y nietos reciban una sociedad mejor y la Fundació haya colaborado en ello, aunque presiento que hasta en el ámbito de la filantropía, el fútbol y el Barça son distintos y difíciles de manejar. «On verra», que dicen los franceses.

# 54

## Cinco meses. Dos dientes

*Esta sensación compensa todo lo demás aunque
duela, pero la naturaleza es sabia.*

Acabamos de dejar a Gaby «peke» en casa de sus padres, nuestros hijos. Aún cierro los ojos y le veo cómo se va de la mano de Cati y Gaby cargando con todos los trastos que nos han traído y ahora les acabamos de devolver. A Cris y a mí nos entra una enorme nostalgia, el estómago se nos encoge y sentimos un pequeño desgarro en el corazón. La edad no lo cura todo... pero algo sí. Somos felices de ver la cara de sus padres al «recuperar a su bebé». Esta sensación compensa todo lo demás aunque duela, pero la naturaleza es sabia.

Ha sido un fin de semana intensísimo. Nos lo dejaron el viernes por la tarde y hasta hoy domingo por la noche ha sido un no parar.

Casi no me acordaba de cómo te absorbe un bebé. No hemos parado. Juegos, paseos, biberones, papillas, caquitas y cambios de pañales, bañeras, baños en la piscina, risas, algún lloro —pocos—, fotos, vídeos, payasadas en la cama, numeritos para que coma, duerma, en fin, lo mismo que hicimos con su padre y sus tíos. Nada cambia, sólo sus actores.

De vuelta a casa, exhaustos pero enormemente felices, nos llama Gaby para decirnos que el «peke» está fantástico, muy guapo y que gracias. Entre la familia no hay que agradecerse nada. Amor con amor se paga.

Ya en la cama, nos llama Paola desde San Francisco. Nuestra pequeña y queridísima Paola. Ella nos devuelve al mundo real. Está empezando su nueva vida, casi independiente. Tenemos un cordón umbilical que no desaparecerá jamás, pero ella ya ha iniciado su andadura. Así es la vida. Ley natural.

Cris y yo estamos solos en casa. En silencio, nos cruzamos las miradas. No hace falta decir nada más. Nos tenemos el uno al otro y éste es nuestro tesoro. Nuestros hijos y nieto, quizá nietos en el futuro, serán siempre nuestra ocupación, nuestro desvelo, nuestro amor, pero de forma distinta cada año que pasa. Algún día se cambiarán las tornas, quizá, Dios quiera que pasen muchos años, ellos serán quienes cuiden de nosotros.

# 55

## Fin de semana de ensueño con sueño

*También hay que decir que la toma de biberones cada tres horas es algo que ya nos ha costado más.*

Septiembre de 2010: llega otro fin de semana deseado.

Nuestros hijos nos han dejado de nuevo un par de días, todo el fin de semana, a su «peke». Estamos felices y entusiasmados.

Ha sido fantástico. Tenerle con nosotros y hacer de nuevo aquello que desde que nació Paola no hacíamos, como preparar y dar biberones. Cambiar pañales, bañarle, acunarle y, en fin, todo aquello que necesita un bebé y que hace que no pares ni un minuto y te pase el tiempo volando. Pues bien, esto es lo que ha sido este delicioso fin de semana.

También hay que decir que la toma de biberones cada tres horas es algo que ya nos ha costado más. La edad no perdona. Vaya, para seros sincero, gracias a Cris que se ha ido despertando como un reloj suizo cada tres horas, porque yo era incapaz. Les oía, incluso les veía (de reojo, claro), pero no podía con mi alma. Por eso el título de este capítulo: «Fin de semana de ensueño con sueño.»

También debo decir que esto de salir a pasear con el bebé, bien llevándolo en el cochecito o bien en brazos, es una pasada. Te da la sensación de que llevas al niño más guapo del mundo (vaya, en este caso es cierto, je, je...) y eres el centro de las miradas. Ah, y la bomba es cuando te preguntan: «¿Qué edad tiene tu hijo?» Increíble la sensación. Entonces es cuando la autoestima se eleva hasta el infinito y te sientes genial y más cuando respondes: «Es que soy su abuelo.» Ahí la sensación es fantástica. Claro que quizá quien te lo dice ya lo sabe y trata de halagarte o bien tiene problemas de vista... je, je, je...

En serio, ha sido una experiencia que nos ha rejuvenecido y nos ha devuelto una serie de sensaciones que teníamos olvidadas y hemos recuperado. No dormir ha sido lo más duro; bueno, sólo lo sabe Cris, pero ha valido la pena y ya deseamos repetir.

# 56

## Viaje a Londres.
## Reflexión ante el futuro

*Tengo una asignatura pendiente y quiero
aprobarla, y con nota alta, y ello me empuja.*

Estoy en el aeropuerto con Esther, camino de Londres. Tenemos ahí una cita importante que quizá sea determinante en mi futuro, nuestro futuro. Lo que sí es cierto es que después de seis meses de haber dejado USP, no he parado, me he involucrado en distintos proyectos he realizado inversiones en empresas que me gustan y en las que creo, muy especialmente por lo que proyectan, lo que son y por su gente, sus emprendedores. Todo ello me hace sentir vivo, activo e ilusionado. A su vez, la Fundación Álex no ha parado ni un segundo y su actividad me ha mantenido también superocupado. Es decir, que no he podido tener, como era mi deseo, algunos días de tranquilidad para poder reflexionar, imaginar y pensar relajada y pausadamente cómo deseo que sea mi futuro, nuestro futuro. En definitiva, seguir soñando para tratar de convertir los sueños en realidad.

Es bien cierto que no tengo claro si no he parado porque no quería o por miedo a quedarme fuera del «reparto», «fuera de juego». Lo cierto es que ahí estoy de nuevo, como si estuviera entrando en una «sala de fiestas», esperando encontrar la pareja de baile idónea. Debo tener la misma sensación que la bailarina de tangos japonesa que acaba de ganar el campeonato del mundo en el mismísimo Buenos Aires de Carlos Gardel.

Sigo escribiendo ya de regreso de Londres y con la satisfacción de que la gestión a la que iba ha ido muy bien. Veremos cómo termina todo, pero depende de cómo evolucione mi vida será probablemente otra vez distinta.

Como yo creo en el Destino, tengo la sensación de que esta reunión, esta cita que fue provocada por la casualidad del Destino, nos ha llevado a un proyecto que se percibe y vislumbra al menos como apasionante y es el presagio de un proyecto empresarial que si se materializa, marcará mi vida en los próximos años. Se adivina como algo muy excitante profesionalmente pero a la vez tiene un componente de autoestima que quizá no necesite pero que deseo fervientemente desde mi interior. Tengo una asignatura pendiente y quiero aprobarla, y con nota alta, y ello me empuja.

Por otro lado surge mi Pepito Grillo particular que me avisa con insistencia de que si esto prospera, pueden ser unos años de nuevo muy intensos que me impidan o al menos dificulten la ansiada armonización de mi vida familiar y ello me provoca una cierta angustia.

Ahora soy feliz con lo que tengo y con lo que soy. Como he dicho varias veces, creo que a nivel personal he hecho los deberes, pero profesionalmente hablando tengo la impresión de que me falta el último tramo del camino. La reflexión que me planteo es simple pero compleja de resolver: ¿podré mantener el equilibrio familiar/empresarial como hasta ahora sin que nada se resienta? ¿Me perderé de nuevo ver crecer y compartir con Gaby «peke» los pequeños destellos y detalles de su vida, que es algo que no se aprecia pero que es un tesoro que pocos pueden y saben disfrutar? Es el gran dilema y de nuevo la gran paradoja de la vida, esta vez mi y nuestra vida. ¿Qué haré? Ni yo lo sé en estos momentos, pero el Destino seguro me llevará al puerto más adecuado. Ojalá acierte y pueda seguir disfrutando de mi nuevo oficio de abuelo y a la vez conciliarlo con mi última etapa profesional que tanto deseo completar.

Quizá, dentro de unos años, cuando relea estas líneas, el dilema se habrá resuelto y ojalá pueda compartir ya la lectura de este libro con mi nieto, sentado a mi lado o en mis rodillas, y trate de explicarle que algún día, cuando sea mayor y quizá le apetezca leer el libro que escribió su Epílogo de Aprender a ser abuelo... capaz de apreciar. Éste es el último sueño de este libro.

# 57

## 29 de septiembre

*Por primera vez celebramos nuestro santo*
*los tres Gabrieles juntos.*

Os preguntaréis el porqué de esta fecha. Los más avezados en política pensaréis en la huelga general o no tan general... Los futboleros en el partido del Barça en Kazán con el Rubin. Pero no, ni una cosa ni la otra. El 29 de septiembre se celebra la festividad de los tres arcángeles: Miguel, Rafael y Gabriel. Lo habéis pillado, ¿verdad? Pues bien, por primera vez celebramos nuestro santo los tres Gabrieles juntos. El «peke» ya ha cumplido los seis meses y está hecho un torito. Le han salido un par de dientes y ya dice «ta ta ta», aunque yo creo que en algún momento le he entendido «Barça, Barça»...

A pesar de que el día ha sido raro por la pseudohuelga, nosotros lo hemos celebrado estando todos juntos. Es más, nos hemos reunido en casa de nuestros hijos para ver el partido de Champions. No ha sido un gran *match* pues una vez más el Rubin, como ya hacen casi todos los equipos que juegan contra el Barça, se ha encerrado en su área a pesar de que jugaba en su casa, en su campo y con su afición apoyándoles. La táctica es simple, se trata de no dejar jugar, defensa a ultranza y esperar el fallo del contrario. Este invento, que proviene del futbol italiano, lo ha mejorado Mourinho y ahora se ha puesto de moda. La posesión del balón en este partido ha sido descarada. 90 % del Barça contra 10 % del Rubin. Ha sido un puro «ataque y gol». Al final el empate a 1 ha sido como ya viene siendo usual, una falacia, pero esto es el fútbol y ésta es probablemente nos guste o no su grandeza. Ahora nos toca a nosotros reinventarnos. Seguro que Pep y los suyos ya estarán estudiando fórmulas para quebrar el antifútbol sin renunciar al buen juego.

No obstante, a pesar de ello, ha sido una gozada celebrar los tres Gabys juntos el más que merecido gol del empate, cómo no por parte de Leo Messi.

El arcángel san Gabriel es, según reza la religión católica, el patrón de la comunicación y curiosamente debo admitir que debe de ser así, pues he recibido decenas de felicitaciones que no esperaba, de gente que creía se había olvidado de mí. Pues no, aquellas personas que consideraba amigas y queridas han vuelto a aparecer. Después de mi salida de USP muchos pensaron que seguir en contacto conmigo les podía perjudicar. Curioso, ¿verdad? Ahora se está recuperando la normalidad en lo que respecta a mí y las personas que quiero y por las que siempre he sentido y recibido afecto. También ha servido para hacer limpieza y apartar aquellos que decían estar a tu lado pero sólo lo estaban para velar por sus propios intereses.

Lo dijo mi admirado John Lennon una vez. Sus palabras son claras y transparentes. Éstas son: «El rey siempre es asesinado por su cortejo, no por sus enemigos. Al rey se lo alimenta, se lo droga y se le adula en exceso; cualquier cosa con tal de tenerlo atado al trono. Muchas personas en esta situación nunca se despiertan. O mueren físicamente o mentalmente o ambas cosas. Sólo desean y están interesados en mantener la situación tal como está, pero en beneficio propio.» También Churchill le dijo un día a un diputado conservador que le había dicho: «Que alegría estar a su lado Primer Ministro y ver nuestros enemigos enfrente.» Churchill le respondió: «No os equivoquéis querido amigo, enfrente están los laboristas, los enemigos están detrás...»

Estas declaraciones las hizo a la prestigiosa revista *Newsweek* en octubre de 1980. Así somos los humanos. Esta y muchas otras enseñanzas son las que siempre hemos tratado de transmitir a nuestros hijos y ahora a nuestro nieto y los que vengan detrás. Ojalá tengamos salud para poder hacerlo y la mente clara, para no equivocarnos. Curiosamente hoy mismo acabo de leer en una revista que Rosa Tous ha decidido crear el día de la Abuela. Me parece una gran idea, pero yo propondré crear el día de los Abuelos, ambos a la vez, pues ellos son nuestros orígenes, nuestras raíces, nuestra memoria, nuestro amor, nuestra protección y tantas y tantas cosas más.

Cuando fui padre por vez primera, comprendí lo que era ser hijo de verdad y lo que representaban los padres. Ahora que he sido abuelo, me ha pasado exactamente lo mismo. La figura de los abuelos es imprescindible además de entrañable. Deberíamos educar a nuestros hijos para que jamás se olviden de ellos, aunque también es importante que los abuelos sigan queriendo, protegiendo, enseñando y educando a su manera a sus nietos pues sin duda seremos más humanos.

# 58

## Lo que mueve mi vida

Texto para el libro
*Lo que mueve mi vida* de Plataforma Editorial
Coautor: Gabriel Masfurroll
Barcelona, 4 de enero de 2010

*El Pasado es lo que he vivido. El Presente
es el mejor regalo que poseo y el Futuro es el sueño
que me queda por vivir.*

Mi vida ha sido, siempre, desde niño, un cúmulo de sueños por alcanzar y a día de hoy sigue siendo igual.

Es curioso pero no he perdido la capacidad ni el deseo de seguir soñando, imaginando, a través de ellos, de esos sueños, nuevos deseos, anhelos, metas e ilusiones por realizar.

Jamás he dejado de soñar y muchos de mis sueños se han convertido en realidad. Cada vez que ha sucedido, he sentido una enorme satisfacción que además he tenido la suerte de poder compartir y celebrar con mis seres queridos.

A medida que te vas haciendo mayor los sueños son

diferentes, van cambiando. Aquello que de joven ansiaba con enorme deseo y quizá logré alcanzar, ahora forma parte de mi activo, de mi experiencia, del pasado y también se ha convertido en algo de sabiduría más que útil para afrontar el mañana.

Muchos sueños se materializaron y otros se quedaron en el camino. Así es la vida. Los aciertos me permitieron ganar autoestima, sentirme más confiado y a la vez fuerte, lo que me ha permitido ser, en determinadas ocasiones, más atrevido y asumir riesgos para tratar de alcanzar nuevos sueños. Los errores y tropiezos, a su vez, han sido cruciales en mi vida, pues de ellos he aprendido mucho y me han enseñado a crecer y a seguir soñando, a superarme de nuevo y alcanzar nuevos retos, nuevos deseos, nuevos proyectos.

Mi vida, nuestra vida, y lo digo en plural, no la contemplo sin mi familia, mis abuelos, mis raíces, mis orígenes. Tampoco sin mis adorados padres sin los cuales no estaría hoy aquí, ni sería quien soy. Y no la concibo especialmente sin Cris, la mujer 9,5 —¡si fuera un 10 sería insoportable!—. Ella siempre ha estado a mi lado, en los buenos momentos y, muy especialmente, en los difíciles, que han sido muchos más de lo que la gente piensa, sabe o de lo que las apariencias sugieren. Ella es mi contrapunto, compensa y suple mis defectos y potencia mis virtudes y yo a su vez los suyos. Nos complementamos muy bien y nos queremos mucho después de más de treinta años juntos. Tampoco sin nuestros hijos, todos ellos muy especiales, cada uno tan distinto, cada uno tan importante, todos ellos a su manera y aunque pueda parecer paradójico, de alguna forma han sido también nuestros maestros. Sin su existencia no habríamos podido madurar y ser como somos. Gracias, hijos, hermosa palabra. De ellos, que fueron nuestro sueño y ahora son nuestra preciosa realidad, nos sentimos extremadamente orgullosos.

Gaby, inteligente, maduro y reflexivo, puedo decir que a veces parece que él sea mi padre. Desde siempre, desde muy pequeño, siempre me ha aconsejado, ha velado por mí, ha sido mi álter ego. Álex, que nació siendo muy especial, con su síndrome de Down, nos hizo cambiar, nos hizo distintos y mucho mejores, pero nos dejó y se fue sin avisar hace algo más de veinticuatro años. No obstante, ahora, gracias a su fundación *(www.fundacionalex.org)*, vuelve a formar parte de nuestro día a día y nos permite aportar nuestro granito de arena, ayudando a otros que tienen necesidades acuciantes y cuyos sueños desgraciadamente no se cumplen como todos desearíamos. Y finalmente Paola, la explosividad, la pasión, la inteligencia emocional, imán de personas. Viéndola a ella, es como si me mirara al espejo. Ellos son la cúspide de nuestros sueños y uno de los fines de nuestra vida. Diría que casi hemos terminado nuestros deberes como padres y estamos dichosos, pero esto, aunque pueda parecer el fin de una etapa, no lo es. Uno no deja jamás de ser padre hasta que muere. Claro que yo sigo soñando en vivir mil vidas, lo he dicho muchas veces y estoy seguro de que, de poder, no me aburriría ni un ápice.

También los nuevos que llegan a la familia forman parte de los sueños. Los nietos que nos harán entrar en otra dimensión y vivir una nueva sensación que hace años parecía lejana y que está ahí, al caer. Es otro sueño, otra experiencia que añadiremos a la mochila de nuestros activos, de nuestras experiencias.

No puedo dejar de recordar también a aquellas personas que, sin ser de mi familia directa, considero como tal. Me refiero a todas aquellas a las que he tenido la fortuna de haber conocido y con las que he vivido momentos muy especiales, en distintos ámbitos y momentos de mi vida. Ellas saben quiénes son, a las que quiero y siempre estarán en mi corazón. Con algunas fundé el proyecto profesional de mi vida, USP Hospitales. Gracias por vuestro cariño, por estar siempre a mi lado, por hacerme sentir amparado y respaldado. Por conseguir que me sienta cuidado, querido. Cada una a su manera, cada una por razones distintas, cada una, importante para mí. Sois aquellos con los que he disfrutado situaciones cruciales o especiales de mi existencia y con las que he sufrido en silencio en las dificultades, pero siempre peleando por unos objetivos que habíamos soñado y seguimos anhelando. Sois aquellas personas con las que he compartido pasiones, ilusiones, sentimientos, sensaciones, tristezas, alegrías, sollozos o risas extenuantes, lo cual, dicho sea de paso, es una terapia que recomiendo encarecidamente. Aquellos que habéis convivido conmigo alguno de los obstáculos que la vida ha ido interponiendo y juntos nos hemos ayudado a sortearlos, ya sois parte de mí.

Los sueños han movido y siguen moviendo mi vida y las personas que he tenido y tengo la suerte de tener a mi lado, unas cotidianamente y otras en momentos esporádicos, son, sois, esenciales para mí. La amistad y el afecto no es sólo cuantitativo, que también, sino que para mí es especialmente cualitativo y, cuando se crea, genera un sentimiento casi eterno.

Aquellos o aquellas a las que tanto quiero y que me hacéis sentir querido. Son, sois, las personas que movéis mi vida y conseguís que ésta valga la pena, que me sienta feliz. Son, sois, las que me motiváis para que siga soñando, pensando en nuevas metas e ilusiones, incentiváis mis deseos, mis anhelos, mis pasiones y esto es mi gran estímulo. Los sueños me dan vida.

Y para finalizar, os contaré un secreto. Empiezo a soñar con la reencarnación. Será por aquello de las mil vidas. Es que ésta se me está haciendo muy corta, muy corta, porque a pesar de todo, de las dificultades y problemas que todos, quien más, quien menos tenemos, me siento feliz y esto sí es un sueño más que anhelado. Que nadie se engañe, para ser feliz hay que desearlo, ser optimista y buscar este estado sin cesar para conseguir alcanzarlo.

Es cierto que para cada uno es distinto, pero yo puedo decir que lo que yo entiendo por felicidad es el conjunto entre el bienestar personal y el de tu entorno, en perfecta armonía. Creo que lo he alcanzado y por ello doy gracias, gracias, gracias a todos aquellos que me habéis ayudado a conseguirlo. Ahora mi sueño es mantener este estado hasta el fin de mis días y poder compartir y transmitir mis sentimientos y sensaciones, mis vivencias, mis emociones, mi experiencia con los demás, especialmente con aquellos que lo necesiten y yo les pueda ayudar.

Creo en las nuevas generaciones, en un mundo multirracial sin barreras, sin religiones, lenguas, fronteras, culturas que nos separen, sino todo lo contrario, que nos unan. La riqueza de lo distinto es lo que nos hace mejores. En lugar de buscar el lado negativo de los demás, complementémonos con lo mejor de lo de aquellos que son distintos a nosotros y aprendamos de ellos.

Si piensan de forma diferente, escuchémosles y a la vez pidámosles que ellos nos atiendan a nosotros. Vale la pena intentarlo. Muchos lo entenderán como una quimera, pero sin este sueño, y os ruego me disculpéis por lo que voy a decir, nuestro querido mundo tiene un futuro borroso y decididamente triste. Es entonces cuando el sueño se convierte en una pesadilla. Y eso no es lo que queremos.

Sueño con la tolerancia, el respeto y la solidaridad. Éste es el reto más difícil, el sueño que algunos consideran imposible y otros ridículo porque entienden que es ingenuo o imposible. No lo es. Yo voy a por él, pues esto mueve mi vida y es parte de mi futuro, seguir trabajando, tratando de crear riqueza para que, con este granito de arena pueda colaborar para que podamos tener un mundo mejor. Desde USP Hospitales, desde la Fundación Álex, desde la familia Masfurroll, desde mi propia persona y desde todos los ámbitos que yo pueda alcanzar, siempre trataré, a mi mejor saber y entender, de aportar lo mejor de mí, que no sé si es mucho o poco, que otros, cuantos más mejor, se unan al sueño de vivir para mejorar nuestro mundo y hacer que nuestro entorno mejore.

Deseo que ésta sea mi aportación. Ahora, en la última etapa de mi vida, me lo puedo permitir y me ilusiona, siento que lo necesito, es lo que creo que ahora debo hacer, lo que mueve mi vida.

# 59

## ¡Papá, ha dicho papá!

Día 24 de diciembre de 2010. Sí, sí, Gaby «peke» ha pronunciado la palabra papá. Y además lo tenemos grabado. Es curioso porque ha sido delante de sus padres y Paola, que era la primera vez que le veía en muchos meses tras llegar de California. Ha sido *«on the right time»*. Qué día más especial, ¿verdad? Lo tengo en mi iPhone. Me río cuando lo veo. Mira que en mis paseos y cada vez que lo he visto he intentado que lo dijera, pero no, lo ha hecho delante de sus padres, como debía ser. Esto es un hito que tampoco olvidaremos. Feliz Navidad.

# 60

## Los viernes son sagrados

Hace unos meses tomé una decisión trascendental en mi vida: los viernes son sagrados y dedicados a nuestro nieto. Empecé en junio de 2010 y hasta hoy no he fallado jamás. Además he conseguido que Cris se nos una en los largos paseos que damos. Le recogemos en su casa sobre las diez. Él normalmente acaba de despertarse y ya se ha tomado la papilla de la mañana. Entonces nos vamos de paseo. Cada vez el destino suele ser distinto, aunque el tiempo, el frío y la lluvia marcan más de una vez el destino y debemos ponernos a cubierto pues este invierno es más duro de lo normal en cuanto a frío, viento y hasta lluvia. No obstante, el «peke» es un campeón pues aguanta viento y marea.

Debo decir que Gaby «peke» no perdona. Sus paseos son de obligado cumplimiento. Le encanta salir y cuando estás paseando le ves feliz. Uno de sus preferidos son los parques donde ve perritos, que le entusiasman, y también las palomas. Tanto es así que habla, sonríe a todo aquel que pasa y le dice alguna cosa o mueve sus piernas sin parar. No me imagino cuando empiece a andar, ¡madre mía! Además, recalcar que tiene un genio importante y aunque es simpatiquísimo, cuando quiere o no quiere algo se hace notar y lo descubres pronto. A mí me divierte cuando lo llevo por alguna zona de tiendas. Allí, por supuesto, solemos entrar en alguna juguetería, tiendas que hace años no pisaba. Pues bien, una vez en ellas, es tan pillo que cuando ve algo que le gusta, mira el objeto, me mira a mí y se ríe. Señal inequívoca de que le gusta aquello y me lo pide a su manera. ¿Y qué hace el abuelo? Pues con el corazón partido, se lo compra... También es cierto que siempre son pequeñas cositas pero con las que se distrae mucho y luego disfruta.

Decir también que es superobservador. No para de mirar, escudriñar todo lo que le rodea. Cada día descubre cosas nuevas. Hasta los ruidos. Es increíble la capacidad de aprendizaje que tiene. Observamos que ya reconoce dónde estamos si estuvimos antes. Es una experiencia increíble y que casi teníamos olvidada.

Algunas veces, solemos parar en alguna cafetería y darle la papilla de mediodía que se zampa como todo un campeón y no perdona. Después, de postre, se toma el yogur, que le entusiasma. Una vez cumplido el ritual de la comida, retomamos la ruta a casa. A veces se duerme y otras aguanta. Eso sí, cuando cruzamos el umbral de la portería de su casa, la reconoce de inmediato y se ríe. Mucho más cuando entramos en el ascensor y se ve en el espejo. Ahí es como de chiste. Se mira y se ríe y hace caras a sabiendas de que está gracioso. El regreso a brazos de Juani es importante porque sabe que ella lo acostará y ya está a resguardo a la espera del paseo de la tarde que jamás perdona. Así son nuestros viernes. Es el día más esperado de la semana y cuando lo dejamos en su casa y nos vamos, tenemos una sensación de vacío importante, aunque también hay que decir que el «peke», aunque de paseo, no para y agota; o sea que los viernes solemos dormir más que bien.

Añadir, y perdonad esta pequeña frivolidad, que más de una vez nos preguntan qué edad tiene nuestro «hijo» y como podéis imaginar, a Cris y a mí nos sube la autoestima hasta límites insospechados. Dejadme que os cuente un pequeño secreto. A veces se me escapa y le digo: «Anda, Gaby, que nos vamos de paseo con los papás», y luego me doy cuenta del error, rectifico y digo, con los *avis*, con los *avis*. En fin, así son los viernes y así lo contamos.

# 61

## *Only in love with you*

Estoy en Los Cardales, en un hotel que está en la autopista que va de Buenos Aires a Rosario y luego sigue hacia el norte de Argentina, Brasil y quizás enlace con la Panamericana. Aquí, en este hotel, la familia Messi presenta hoy oficialmente la Fundación Leo Messi, y aquí estoy yo para compartir con ellos un día muy especial. Hoy también lo es para nosotros, la familia Masfurroll. Un día como hoy, hace veinticinco años, nos dejó Álex, el día de los Santos Inocentes. No podía irse otro día...

Pues hoy, la Fundación Messi organiza una cena de gala donde estaremos como mínimo seiscientas personas. En Argentina estamos a 38 grados y el calor es importante. Son fechas vacacionales no sólo por la Navidad y el cambio de año sino también porque están en pleno verano.

La cena ha sido todo un éxito. Más de seiscientas personas y *overbooking* en el acto. Decenas de fotógrafos y periodistas agolpados en la entrada. Leo y su familia, como siempre, perfil bajo, lo que quiere decir que actuando con normalidad, como son ellos, estén donde estén o con quien estén. Así da gusto. Se ha presentado la

Fundación Leo Messi y por fin en Argentina saben que el mejor jugador del mundo y que en poco tiempo lo será de toda la historia, es argentino, se siente muy argentino y hace cosas, muchas, por su gente. En Barcelona le adoptamos, le queremos con locura, le cuidaremos mientras esté en nuestro Barça, espero que hasta el final de su carrera, pero llegará un momento en que regresará a su tierra, a sus orígenes, a sus raíces, porque se siente muy argentino y eso deberían saberlo, entenderlo y apreciarlo en su país, pues parece que aún hay algunos que no son capaces. Es una pena. Otro ya se sentiría español, pero él no. Gracias por ser como eres, Leo. Gracias, Jorge, Celia y a todos tus hermanos. Ha sido un placer y una gozada poder compartir estos días y estos proyectos con vos.

# 62

## *Wonderful world*

Me gustaría terminar este libro pudiéndole decir a nuestro nieto: «Querido Gaby "peke", te dejamos un mundo maravilloso.» Pero la realidad es compleja. Nuestro planeta es muy paradójico. Está lleno de cosas bellísimas, de paisajes increíbles que a veces calificamos como paradisíacos cuando, que yo sepa, nadie ha estado en el Paraíso y ha vuelto para contarlo, pero a su vez, hay millones y millones de personas que sufren y lo pasan mal y los lugares donde habitan no son precisamente hermosos, sino todo lo contrario. Algunos viven en sitios inimaginables que muchos de nosotros no creeríamos ni que pudieran existir.

Las situaciones infrahumanas a veces son espeluznantes y desgraciadamente, a veces, se gira la cara hacia el otro lado para no sentirte agraviado. Lo mismo sucede con las injusticias y la manipulación que sufre en demasía el ser humano y que muchas veces parecen situaciones irresolubles. Será que siempre ha sido así y que ahora como somos muchos más pues la población mundial no cesa de crecer casi exponencialmente y a su vez, la comunicación es muchísimo más poderosa y eficiente, la información llega rápidamente y nos permite saber qué sucede en cada momento en cada lugar de nuestro querido planeta.

También es cierto, y hay que resaltarlo, que la filantropía ha aumentado muchísimo y que desde personalidades como Gates, Buffet, Koplowitz, deportistas como Federer, Gasol, Nadal, Messi o artistas como Shakira, Jolie, Sanz y tantos otros, con su ejemplo, provocan mimetismos que ayudan a paliar estas situaciones tan horribles que día a día se producen en nuestro mundo.

No obstante, no hay que perder la fe ni dejar de luchar para tratar de conseguir un mundo mejor. Dos frases que se me han quedado grabadas son una que leí que dice: «Lo importante no es por qué se vive, sino para quién se vive», y otra que escuché que reza: «Debemos preocuparnos más por los hijos que dejaremos a este mundo que por el mundo que dejaremos a nuestros hijos.» Ambas declaran que el ser humano es el eje de nuestra vida, de nuestra existencia y que sin buena gente nada bueno puede pasar. Es por ello que debemos hacer un enorme esfuerzo en educar a nuestros hijos y nietos en los valores, pero debemos ser capaces de entender que los valores no son iguales, únicos e inalterables para todos. Las culturas, las raíces, los orígenes, el entorno económico y social, la religión e incluso, y cómo no, el clima. Todos estos factores y muchos más incluidos los genéticos nos hacen distintos, y ante esta situación diferencial sólo funciona, y no siempre, la buena voluntad, la tolerancia, el respeto, la generosidad y en especial la voluntad de querer vivir en un mundo mejor, pues los egoísmos, las envidias y las ansias de poder nos conducen a situaciones irreversibles que muchas veces difícilmente tienen solución.

Hoy es día 29 de diciembre. Regreso de Argentina hacia España donde mañana y hasta el día 1 de enero Cris y yo estaremos a cargo de nuestro nieto. Es el mejor regalo de Navidad que podemos tener. Estoy ansioso por llegar y estar con él. Pero para mí la experiencia de mi viaje a Argentina ha sido muy importante. He ido a compartir un día importante con la familia Messi. Ayer, día 28, celebraron la presentación oficial de la Fundación Leo Messi que lleva ya tres años trabajando, pero esto no es lo más importante. Gracias a que tuve el honor de ser invitado, pude comprobar cómo la familia Messi se preocupa por los suyos, pero por aquellos que no tienen, por aquellos a los que la suerte no les ha favorecido, por aquellos a los que las circunstancias no les han dado ninguna oportunidad y es ahí, cuando y donde una persona como Leo, arropado en todo momento por sus padres Jorge y Celia y sus hermanos, han decidido hacer algo por esta gente, por su gente. Allí donde no llegan otros, ellos se esfuerzan y junto con otros aliados como Unicef, la Fundación del F.C. Barcelona y muchos otros, desarrollan proyectos que mejoran la calidad de vida de mucha gente que sin su ayuda estaría perdida. He vuelto impresionado. Vi la cancha donde Lionel empezó a jugar. Deberían verla. He podido comprobar que puedes tener muchos factores en contra, pero si tienes una familia a tu lado, a pesar de que a veces nada es perfecto, gracias a Dios, todo funciona mucho mejor y acaba bien. Leo y muchos otros aportan su granito de arena. No es necesario ir muy lejos de donde vives, para nada. Seguro que cerca de donde estás hay necesidades perentorias. Si todos ponemos un granito de arena, sólo un granito, al final conseguiremos un desierto lleno de oasis y así quizá no tengamos un «*wonderful world*» pero sí un mundo mejor, y será gracias a que nuestros hijos lo habrán mejorado. Es el gran objetivo, no lo olvidemos, está sólo en nuestras manos.

Querido Gaby, quizá cuando puedas leer estas líneas el mundo será distinto. Lo más probable es que el libro ya no esté impreso en papel y sea digital. Dios sabe, pero ojalá lo leas porque podrás saber qué pensaban tus abuelos a principios de siglo... (Caramba, ¡qué antigua ha quedado esta frase!)

Como estoy volando rumbo a España y llegaré el 30/12/2010, les deseo a todos feliz año.

# 63

## Navidad 2010. Hola 2011

Termina un año muy especial. Para aquellos que me conocen pero no viven cerca de mí, seguramente pensarán que ha sido un año terrible en el que he quedado K.O.

Mi respuesta ante tal suposición no es simple. Por supuesto el primer trimestre no fue agradable, para nada desde la vertiente profesional, pero el 17 de marzo se produce el punto de inflexión. Este día nace nuestro primer nieto Gaby «peke». Desde este mismo instante, las tinieblas, la tristeza, la niebla profesional desaparecen y todo cambia. Donde era oscuro ahora es claro y con luz. Lo que era negativo ahora por arte de magia se convierte en positivo. Se acabó el duelo. Se cierra un libro y empieza uno nuevo que sin duda será como mínimo igual de bueno. Me siento feliz, fuerte, optimista y con ganas de ir a por todas. ¿Qué ha cambiado? Pues nada, sólo que he sido abuelo y aquel ser pequeño que acaba de nacer, aquel bebito (bueno, bebazo pues pesó 4,5 kilos), me ha devuelto la alegría y el deseo de afrontar nuevos retos y disfrutar de esto tan hermoso llamado vida, y además me ha hecho reaccionar y me he dado cuenta de que no tan sólo debo rehacer mi vida sino que tengo la obligación de hacerlo pues debo seguir aportando, mientras pueda, mi granito de arena.

Es ahí cuando decido rescatar la Fundación Álex y darle nuevos ímpetus. Decido crear Wings 4 Business y me trazo un camino a seguir que hoy, nueve meses después, se está cumpliendo casi al dedillo. Hemos pasado una Navidad tranquila, feliz y esperanzadora a pesar de que los vientos soplan en contra y las aguas andan turbulentas, pero como dice el refranero castellano, «al mal tiempo, buena cara». Creo en nosotros, en el proyecto que tenemos y cómo no en el país, en el mundo. Estamos preparados y a la espera de que llegue este anhelado 2011, donde esperamos realizar grandes cosas. Quizá dentro de unos años, cuando relea estas líneas, pueda comprobar cómo aquello por lo que apostamos es ya una realidad. Feliz 2011.

# 64

## Álbum, Navidad y recuerdos

Llega una nueva Navidad. Quieras o no son días especiales en los que, al menos en nuestra sociedad, se despiertan sentimientos de ternura que muchos a veces se tienen aletargados. Es cierto que todos nos vemos envueltos en escenarios de solidaridad que el resto del año, por desgracia, se diluyen más de lo conveniente y nos inducen a «ser mejores»...

En nuestra familia preparamos con ilusión alguna de las comidas tradicionales de estos días. Nos reunimos cuatro generaciones juntas por vez primera. Ya desde hace unos años, nuestra casa se convierte en el punto de encuentro de todos. Aún recuerdo cuando íbamos a casa de mis padres o suegros. Ahora somos nosotros los que aglutinamos a la familia. Mi madre, mi suegro, ambos ya felices y risueños bisabuelos, Cris y yo. Nuestros hijos y el «peke», Gaby el «supernieto».

A Cris este año se le ha ocurrido la buena idea de recuperar alguno de los muchísimos álbumes de fotos que tenemos de cuando nosotros fuimos papás por vez primera. Nada original. Ver las fotos de nuestro hijo Gaby y compararlas con las del «peke» y buscar parecidos, lo típico. Pero esta idea de buscar y encontrar el álbum correspondiente es muy buena. Tras buscar y rebuscar entre decenas de ellos, lo encuentro. Al abrirlo, seguramente tras bastantes años sin ver sus fotos, nos vemos de nuevo con treinta años menos. ¡Caramba! Es curioso comprobar cómo las fotos del pasado pueden llegar a impactarte tanto. Allí aparecen nuestros abuelos, que ya no están. Los recuerdos nos asaltan. Nuestros padres ahí están, ejerciendo de abuelos también por vez primera, y ahora dos de ellos ya nos han dejado. En aquella época tenían nuestra edad... Nuestro hijo Gaby era igual que nuestro nieto ahora, es decir, cercano al año e igual de grande y robusto que su padre. Y como diría la frase tópica, «¡parece que fue ayer!».

Este visionado de las fotos del pasado es un ejercicio curioso. Te provocan una cascada de recuerdos y a su vez de sentimientos de todo tipo. Momentos felices. Nuestros orígenes. Cómo hemos crecido y evolucionado juntos como pareja y familia. Nada ha sido fácil. Enormes dificultades que hemos sorteado con esfuerzo, pero sobre todo con mucho amor y buena voluntad. Sólo así se puede progresar. Hoy ya somos abuelos y desde la distancia, viendo nuestros orígenes, lo comentamos con Cris. No ha sido fácil pero lo hemos hecho bien. Gaby es un hombre de bien. Buenísima gente. Está feliz con Catiana y es ya a sus 31 años un magnífico profesional en su ámbito, la gestión sanitaria, y reconocido por muchísima gente ajena a nosotros, que hoy en día ya es mucho. No le ha sido fácil por ser hijo mío, pero ahora yo soy «el padre de Gaby Masfurroll». ¡Qué orgullo! Y eso que unos pocos incrédulos y miserables intentaron maltratarle. Así es este mundo. A ellos, gracias también, pues gracias a su acoso y voluntad de derribarle le hicieron mejor y más fuerte. Pobres necios...

En cuanto a Álex, ya lo he dicho todo. Él nos hizo mejores, distintos y siempre estará ahí, en el recuerdo y ayudándonos desde donde esté. ¿Y Paola? Qué gran mujer tenemos ya en casa. Aquella pulguita que nació y las pasó canutas llegando a estar al borde de la muerte hasta casi los 3 años, es un ejemplo de superación increíble. Hoy ya con 22 años está a punto de finalizar su carrera de Administración de Empresas de forma muy brillante en Esade. Este año 2010 ha estado casi prácticamente fuera de España. Tres meses de prácticas en Londres y luego cinco en California, en Los Ángeles. Ahora se gradúa y en agosto se va a Londres durante tres años a trabajar en banca de inversión. Es impresionante cómo ha crecido en todos los aspectos. Su madurez ya nos impresiona y sus habilidades profesionales, y está mal que lo diga, son brillantes. Creo que será una magnifica profesional. El tiempo dirá.

En fin, tenemos los deberes hechos, los obligatorios, y que hemos hecho con enorme felicidad. Ahora nos quedan las asignaturas voluntarias y el perfeccionamiento. Nos apetece seguir aprendiendo cosas nuevas y seguir disfrutando de este tesoro que es la vida. Somos abuelos, tenemos una familia espléndida y salud. Más no podemos pedir, al contrario, dar las gracias por ser tan afortunados.

# 65

## ¿Y qué opina la abuela?

Para empezar a escribir cómo me siento al ser abuela, me tengo que remontar cincuenta años atrás, pues mis primeros sentimientos y sensaciones acerca de la palabra abuelo/a son de cuando yo era nieta. Tuve la suerte de conocer a tres de mis abuelos, ya que mi abuelo paterno murió joven, pero realmente fue con mis abuelos maternos con los que compartí parte de mi infancia, adolescencia e incluso los primeros años de casada y con mis propios hijos.

Soy la segunda de diez hermanos, lo que suponía vivir en una casa de bullicio, entradas, salidas, comidas numerosas, biberones y todo lo que supone una familia tan numerosa pero feliz. Fue con mis abuelos donde yo encontraba paz y tranquilidad cuando la necesitaba. Recuerdo con gran cariño cómo deseaba que llegara el fin de semana o las vacaciones para ir a dormir a su casa. Y probablemente era porque allí me sentía «hija única» (tengo que explicar que siempre fui la nieta preferida de mi abuelo, al que yo adoraba). En su casa se me permitían los caprichos que, debido a las circunstancias, en casa de mis padres eran totalmente imposibles. Siempre tenía mis chocolatinas preferidas, Coca-Cola, regalices (que me encantaban), etc. Así pues, ¿cómo no iba a desear trasladarme a su casa los fines de semana?

Eran, además, cómplices. Aún me acuerdo cuando en casa no querían que llevásemos biquini para bañarnos. El primero que tuve me lo compró mi abuela, que por circunstancias de su juventud tuvo que vivir unos años en Wimbledon. Era una persona con ideas muy avanzadas, pues estoy hablando de los años setenta. Está claro que cualquier decisión importante que tenía que tomar, siempre la consultaba con ellos y su opinión era para mí muy importante. Es obvio, después de esta historia, lo que me afectó su muerte. En especial la de mi abuelo, al que tuve la suerte de poder cuidar durante sus últimos años, ya que soy enfermera, y estar con él en el momento de su muerte. Fue como devolverle todo lo que él me había dado en vida.

A partir de aquí, podéis imaginar que la figura del abuelo/a en una familia tiene para mí una gran importancia, y así lo he podido comprobar con mis padres y mis suegros, que han sido y son unos grandes abuelos de nuestros hijos.

Y por fin llega el momento que ves tan lejos, pero que efectivamente ahí está: tú eres la abuela. Hace diez meses nació nuestro primer nieto. El primer sentimiento que tuve al verlo fue de gran tranquilidad y liberación al ver que era un recién nacido precioso y sano.

Sé lo que se sufre cuando tu bebé tiene algún problema, ya que nuestro Álex nació con síndrome de Down, y, a pesar de que no nos decíamos nada durante el embarazo de nuestra nuera, todos teníamos un cosquilleo en nuestro interior para que todo fuera bien. Jamás pensé que este bebé de cuatro kilos y medio iba a marcar tanto nuestra vida. Somos abuelos jóvenes y esto nos permite disfrutarlo con salud y energía, aunque tengo que reconocer que la parte buena de ser abuelo/a es que después de tenerlo unos días y cuando ya físicamente estás cansado, lo devuelves y punto.

Tanto mi marido como yo intentamos todas las semanas ir a buscarlo dos mañanas para pasearlo, darle la comida y lo convertimos en nuestro hobby preferido. Ni que decir tiene que las Navidades han vuelto a recobrar un sentido que poco a poco se iba perdiendo y que gracias a Gaby «peke» hemos retomado, hemos vuelto a tiendas de juguetes, hemos visto Papás Noel, escuchado canciones, etc.

Conclusión: te sientes otra vez como cuando tus hijos eran pequeños pero de una manera relajada, con flexibilidad, sin la obligación de educar y, por supuesto, con cierta medida, de mimar y consentir. Y a la vez, espero también, de compartir y de sentirme cómplice, a medida que vaya creciendo, como me pasó a mí.

Es una gran experiencia que doy gracias de poder vivir, y ojalá en un futuro me siga aportando tantas alegrías. Y no me gustaría acabar estas líneas sin dar las gracias a mi hijo y a mi nuera por dejarme ser la abuela que quiero ser, sin imposiciones ni restricciones, y, por supuesto, a mi marido Gaby, que me ha dejado aportar estas letras a su libro.

CRISTINA CORTADA

# 66

## Soy nieto

Al nacer, tengo la impresión de que el recién alumbrado toma rápida e instintivamente conciencia de que en su entorno hay dos figuras (en la mayoría de los casos) de vital importancia. Sus padres son, de forma natural, su más instintiva referencia de supervivencia. Se trata en cualquier caso de un proceso hermosamente simétrico. Los padres, de forma inequívocamente simultánea, llevan a cabo un proceso de aprendizaje, insisto, simultáneo, simétrico y paralelo. Así pues, y siguiendo con la descripción, algo rudimentaria, del milagro de la paternidad, concebido, y sus progenitores se disponen a iniciar la maravillosa ruta de la vida en familia. Como en cualquier otro viaje (adoro esta metáfora...) siempre existen pasajeros que ya han visitado tu destino u otros extraordinariamente más experimentados en el arte de viajar, por no hablar de aquellos que repiten destino con la pasión del primer día aguardando qué nuevas sorpresas les esperan. Ésos son los abuelos, los abuelos de nuestro hijo Gaby.

Me considero afortunado por haber nacido en el seno de una familia de gente buena y buena gente (tomo de nuevo prestado este estupendo y proverbial juego de palabras de mi padre...). La ocupación y pasión de mis padres han sido siempre disponer de todo cuanto han tenido para alcanzar lo que ha sido en todo momento su objetivo primordial: la felicidad de sus hijos. Buena parte del éxito conseguido por mis padres en esta tarea se debe a sus padres o, en definitiva, a mis abuelos. Poco interesarán los aspectos más anecdóticos y/o personales de mi memoria, pero sí lo que fue para mí, como niño, la visión de mis abuelos. Mis abuelos han sido siempre sinónimo de alegría, diversión, excitación que te permitía y, ésta es la clave, dentro de un entorno seguro, entrañable y acogedor, disfrutar de nuevas experiencias, juegos, obligaciones o retos. Bastaba a menudo una mirada, una sonrisa, una frase o un juego que, sin motivo aparente, siempre tenía el mágico resultado de hacerte sentir muy, muy especial, el más especial —con el tiempo te das cuenta de que esa sensación sin parangón tiene nombre y a ella nos referimos con un parentesco: ser nieto—. Parte de la magia de este sentimiento se da cuando del mismo modo tiene lugar el mismo fenómeno simultáneamente con la otra parte implicada o, lo que es lo mismo, la otra cara de la misma moneda que intento describir en este escrito: ser abuelo. El abuelo, a diferencia del padre, no intuye, sabe. No educa, disfruta, aconseja y escucha. Con la experiencia como inigualable aliado, ya ha vivido la gran mayoría de las situaciones que ocurren a diario en el nuevo núcleo familiar y además vive esta nueva experiencia con sosiego, entusiasmo y entereza. Es una nueva experiencia con el milagro de la vida, donde además el sentimiento de apego se da en forma y resultado de potencia, ves nacer al hijo de tu hijo. Sentimiento y sensaciones se ven potenciados por experiencia y recuerdos y una nueva etapa en el ciclo de la vida se inicia. Los abuelos son, y así debe ser, fórmulas mejoradas de la paternidad. No culpan ni castigan, enseñan y responsabilizan. Saben perfectamente que la letra con sangre no entra o no debería entrar. El nieto percibe en sus abuelos la figura de sus padres (puesto que no dejan de ser los padres de sus padres, y eso se nota), pero además tienen en ellos a unos perfectos aliados para crecer, aprender y divertirse.

No puedo concluir mi modesta aportación al libro del abuelo de mi hijo sin un ruego o mejor deseo para todas aquellas personas que lean este libro movidos por una inquietud acerca de los abuelos. «Pongan un abuelo en su vida.» Es el mejor consejo que les puedo dar, y los motivos creo que se los he intentado brindar más o menos acertadamente. En este momento de crisis actual y cuestionamiento global atrévanse a poner un abuelo en su vida, pero de verdad. ¿Se atreven?

GABRIEL MASFURROLL CORTADA

# 67

## Soy nieta

Mis abuelos son únicos en su especie. Mi abuelo paterno (*avi* Gabriel) y mi abuela materna (*àvia* Manolita) murieron hace ya unos años. Me acuerdo de pocas cosas sobre ellos y me sabe mal. Ahora bien, tengo la suerte de poder disfrutar de mis otros dos abuelos. Son brutales, geniales, como decía, únicos.

Empezaré con mi abuelo, «*l'avi* Tonet». Cada jueves, mi prima Carla y yo vamos a comer a casa de mi abuelo. Ya es algo que llevamos haciendo varios años, es nuestra tradición. Silvia, la chica que limpia en su casa, sabe hacer unos macarrones que están para chuparse los dedos. Cada jueves, me despierto y lo primero en lo que pienso (con permiso de mi hermano Álex) es en esos deliciosos macarrones. Tanto Carla como yo salimos de la universidad y nos reunimos los tres para comer. Es una comida rápida. Nada de rollos. Comemos, nos ponemos al día y, liadas con nuestras cosas, nos despedimos y hasta la semana siguiente. Esto es así, semana tras semana.

Me explico. A veces, cuando lo pienso, me digo a mí misma que los macarrones son la razón de ser de estas comidas. Otras, creo que son las ganas de cotillear con mi prima sobre nuestras bobadas. Incluso, de vez en cuando, es la sensación de no comer en casa como la mayoría de los días de la semana. Pero no es así.

El olor a antiguo, las fotos de mi madre y tíos cuando eran pequeños, las copas y medallas de tenis que ganó mi abuelo cuando era joven, el piano, las fotos de los bisnietos que han nacido, el retrato de mi abuela, pero sobre todo, MI ABUELO.

Personas las hay de todos tipos y clases, pero como llevo diciendo, él es único. Créanme. Allí esta, cada jueves. Esperando a sus dos nietas, pase lo que pase, llueva o nieve, se sienta con nosotras. Charlamos de todo y de nada, pero sonríe, nunca se enfada. Bromea sobre nuestras cosas, nos repite lo guapas que somos.

Cuando salgo de su casa, es entonces cuando me doy cuenta de que la razón de ser de estas comidas es él, mi abuelo.

En cuanto a mi abuela, ¡ay, mi abuela! Siempre que intento describirla físicamente, salvando las distancias, diría que es una mezcla entre Isabel Preysler, Naty Abascal y Coco Chanel pero mil veces más guapa. Cualquiera que nos viera paseando por la calle seguro que pensaría que somos madre e hija. Cuando era pequeña, cada viernes dormía en su casa. Era divertidísimo. Ha sido, sin ningún lugar a dudas, mi segunda madre. Me mimaba y ¡me compraba la mejor fruta para el sábado por la mañana! Cuántas cosas nos contábamos.

Como siempre dice mi padre, es genio y figura. Va al gimnasio (pero no se piensen, no va con las abuelas, ella con todas las chicas de mi edad), sube, baja, es increíble, siempre le decimos que nos enterrará a todos.

Mi abuela es una mujer ejemplar, trabajando desde joven, fue una de las mujeres más emprendedoras del país. Con tres hijos y seis nietos, es feliz. Poco necesita para estar contenta. La adoro, la admiro aunque me encanta oírla refunfuñar. Nos buscamos las cosquillas. De tal palo, tal astilla.

Intentando escribir estas líneas, leí un cuento popular sobre una niña y su abuelo.

La niña, curiosa, se fijó en que su abuelo tenía muchas arrugas.

—Abuelo, deberías ponerte la crema de mamá para las arrugas.

El abuelo sonrió, y un montón de arrugas aparecieron en su cara.

—¿Lo ves? Tienes demasiadas arrugas.

—Ya lo sé, Bárbara. Es que soy un poco viejo. Pero no quiero perder ni una sola de mis arrugas. Debajo de cada una, guardo el recuerdo de algo que aprendí.

Al cabo de unos días, mientras charlaban bajo el sol, Bárbara soltó una carcajada y le salió una pequeña arruga en la frente. El abuelo se dio cuenta.

—¿Y tú, qué guardas en esa arruga, Bárbara?

—Te guardo a ti, abuelo, que por viejito que seas, te quiero.

¿Qué más da cuántas arrugas o manchas tengan? Andan más lento, son más torpes, no escuchan, se repiten, pero me gustaría verme a mí, viviendo todo lo que han vivido ellos. ¡Yo aguantaría dos telediarios!

¿Quieren saber la última? Ahora mano a mano, «*l'avi* Tonet» y «*l'àvia* Eli» se van juntos a comer un día a la semana. Él la piropea, ella se ríe. Seguro que se lo pasan en grande.

*Per molts anys, avis!* ¡Os quiero!

PAOLA MASFURROLL CORTADA

# 68

## La batallita de *l'avi*
## La penúltima, lo prometo

Querido Gaby «peke». Hace algunos años, cuando tú naciste, el Barça tenía un equipo de leyenda, un equipo que jugaba como los ángeles y además de ganar enamoraba a todo el mundo, rivales incluidos. Ahí estaban Valdés, Puyol, Alves, Abidal, Piqué, Xavi, Iniesta, Keita, Busquets, Pedro, Villa, Bojan, Thiago y alguien muy, muy especial llamado Leo, Lionel Messi.

A Leo le vi llegar con 12 años al Barça. Él sí que era «peke», muy *peke*, pero con una clase tremenda y unas ganas de superarse que sólo he visto en tu tía Paola. Ambos están unidos por un problema que tuvieron de niños con su salud, pero que ambos han superado con matrícula de honor *cum laude*. Esto hizo que nos sintiéramos unidos a esta familia, a esta buena gente que son los Messi. Desde entonces la amistad nos ha unido. Este equipo estaba dirigido por un entrenador excepcional y mejor persona, Pep Guardiola. De Pep, he aprendido muchas cosas y he tratado de compartir con él otras. Me gusta como es y me siento cercano a él, a cómo ve y enfoca la vida. Otro buen amigo para siempre.

Para mí, aquel era un equipo especial. A muchos de

ellos les conocía desde jóvenes, conozco personalmente y he disfrutado de su amistad. Les había visto entrar en el club como niños y les había visto crecer como personas y jugadores en la mítica escuela del Barça, llamada Masía. El Destino es caprichoso pues además del enorme esfuerzo realizado por muchísimas personas desde la etapa Nuñez-Cruyff que fue el inicio de la «Era Masía» hasta el momento de alcanzar la cúspide, centenares de personas, algunas muy relevantes y la mayoría anónimas, trabajaron, trabajan y lo seguirán haciendo para que la mayoría de jóvenes que llegan a esta casa de la que tú, querido Gaby, al igual que tu padre, tus tíos Alex y Paola y tu abuelo, somos socios desde toda la vida.

Esto empezó con tus tatarabuelos Ventura y Carmen y luego los bisabuelos Eli y Gabriel, el gran culé que nos insufló a tope el gen blaugrana y quien nos buscó las localidades que aún disfrutamos en el Camp Nou. Tú eres socio desde que naciste y aún recuerdo cómo te hice la foto en la propia sala de partos con mi Blackberry pues en el Barça estaban esperando el e-mail con la foto para darte de alta como nuevo socio culé. Pues bien, naciste al abrigo del mejor equipo de la historia del fútbol mundial, algo reconocido no sólo por los mejores especialistas y críticos del mundo del fútbol, sino también por ex jugadores y por la mayoría de aficionados. Por cierto, te guardo CD's, vídeos y toda clase de recuerdos para que juntos los podamos volver a disfrutar. Dicen que un bebé siempre trae un pan bajo del brazo y tú no has sido menos, pero no seré yo quien diga que trajiste los triunfos del Barça pues éstos ya venían de antaño. Pero sí nos trajiste la alegría, la felicidad de verte sano y crecer. A tu abuela y a mí nos has dado vida, nos has permitido rejuvenecer y llegaste en el momento idóneo y ello ha cambiado mi vida y mi forma de ver las cosas y mucho más, la forma de ser. Gracias, «peke».

Hablaba del Destino, pues te diré que creo en él. Sólo unas curiosidades. Puyol estuvo a punto de dejar el club e irse al Málaga. Piqué, se fue de joven al Manchester United y luego supimos repescarlo, pero pagando. Pedro, si no llega a ser por Pep, se hubiera ido. Iniesta estuvo en un tris de dejar el Barça y sólo en el último suspiro consiguió convencer y convencerse de que debía quedarse. Xavi tuvo muchos cantos de sirena para irse, pero decidió quedarse en su casa. Leo llegó de muy niño tras ser descartado por otros clubs. Finalmente Pep, llegó como entrenador al primer equipo desde la Tercera División tras haber entrenado al Barça B. Es decir, las cosas no pasan porque sí y eso es en todos los aspectos de la vida.

Volviendo al *superteam*, te diré que mientras escribo este último capítulo, se desarrolla la campaña 2010/2011, que ha sido épica. El equipo empezó cansado pues la gran mayoría de sus integrantes volvían de haber jugado y ganado el Mundial con la Selección Española, otra gran gesta del fútbol español que será inolvidable. La Selección, dirigida por otro gran sabio del fútbol y también buen amigo, Vicente del Bosque, consiguió ganar el primer Mundial para España. Increíble. Pero en la Selección había siete jugadores de nuestro querido Barça que formaron la columna vertebral de este otro equipo de leyenda.

Pues bien, la Liga ha sido muy disputada con el Madrid que fichó a Mourinho, después de que éste hubiera ganado la Champions con el Inter, con el único objetivo de derrocar al Barça de su pedestal de mejor equipo del mundo. La lucha además de en las canchas, donde por cierto le infligimos en el Camp Nou un severo 5 a 0, con una magistral lección de fútbol que ya está en los anales de este deporte, ha tenido fuertes y yo diría que desafortunadas actuaciones y declaraciones la mayoría por parte del Madrid que han desprestigiado y malmetido dos clubs que son eternos rivales pero que jamás deberían sentirse enemigos.

Tú sabes, querido Gaby, que en el Madrid tengo buenos amigos y esta situación ha provocado tensiones innecesarias, pero a veces los humanos perdemos los papeles y cometemos errores que luego son difíciles de subsanar. Pero volviendo a la temporada, te diré que hemos ganado la Liga de nuevo a lo grande, sin perder nuestro estilo, valores y compostura; que luego, en una semifinal de infarto, eliminamos al Madrid, y que en Londres, en la final de la Champions, ganamos al otro finalista, el Manchester United que se presentaba como el otro gran equipo europeo y merecido finalista. Ahí estuvimos tu padre, Paola y yo y disfrutamos una barbaridad. Nos trajimos la Copa, la alegría y la felicidad para millones de barcelonistas de todo el mundo.

Tengo guardada una foto que quizás salga en el libro en la que apareces tú con la Champions. ¡Qué pasada! Éste es sin duda un recuerdo imborrable y que deberás guardar como «oro en paño» que se dice en castellano. Pues esto es todo. Ya ves qué batallita más «chula» que te acabo de contar. Quizás el día que ya lo puedas leer solito el mundo sea distinto, espero que para mejor. Ojalá sigamos todos bien, juntos, con salud y felices como lo somos ahora. *T'estimo Gaby, t'estimo «peke»*.

# Epílogo

*Gracias a la llegada de Gaby «peke», mi vida,
nuestra vida, ha cambiado mucho y para mejor.*

Cuando hace unos meses, al saber que nuestra nuera Catiana estaba embarazada, me decidí a escribir este libro, debo deciros que no sabía lo que iba a salir, pero sí que sentía nuevas sensaciones.

En aquellos momentos mi vida estaba volcada en la compañía que hacía doce años había fundado, USP Hospitales y que dirigía ya inmersos en la enorme crisis mundial que nos carcomía. Por suerte avisé a mis entonces socios que la tormenta era grave e iba para largo. Iniciamos planes duros de reconversión, pero para mis socios no fue suficiente y la disparidad de opiniones nos llevó a un divorcio profesional civilizado y ordenado.

A partir de aquel día, otra tormenta, esta vez emocional, estalló en mi vida. De vivir al 150 % a un ritmo trepidante, viajando sin parar, recibiendo trescientos correos electrónicos diarios que respondía puntualmente, con catorce horas de promedio de trabajo, de golpe, mi vida cambió. La primera impresión era de incertidumbre.

«¿Qué voy a hacer?», me preguntaba. Se desataron las reacciones. Los primeros cuatro días ni pude salir de casa, pues recibí más de tres mil correos electrónicos y SMS de apoyo, ofreciéndome de todo. Desde estas líneas, gracias a todos los que se acordaron de mí. También, en estas situaciones, te llevas sorpresas desagradables que no llegas a entender y te sientan mal, pero luego, con el tiempo y en la distancia, descubres cómo la naturaleza es sabia y estas situaciones desagradables suelen ser buenas e higiénicas. En fin, una vorágine de cosas de todo tipo se produjo desde el día 22 de enero en que me fui de USP hasta el 17 de marzo en el que nació Gabriel Masfurroll Martinez-Orozco. Pues a partir de este día, algo muy, muy especial entró en nuestras vidas. Había pensado cómo sería eso de ser abuelo. Hasta había soñado con él como describo en algún capítulo, pero la verdad es que la emoción es tan profunda como cuando tienes un hijo, con algunas diferencias interesantes. Es bebé, es hijo de tus hijos y lo ves como la culminación de un proyecto tan importante como es la vida, la tuya, la de tu pareja y te das cuenta de que estás terminando los deberes. También, y gracias a la edad, saboreas muchísimo más cada momento, cada instante, cada sensación. Gracias a la llegada de Gaby «peke», mi vida, nuestra vida, ha cambiado mucho y para mejor. Todas aquellas turbulencias e incertidumbres que me agobiaban y me asolaban han desaparecido.

He reordenado mi alma y mi espíritu y soy feliz, muy feliz. Gracias a ello, ya he creado mi nueva empresa junto con mis queridos Sol, Juan Pedro, Esther, Ramón, Paula, Ricardo y Santiago, que será el vehículo que utilizaremos para nuestros proyectos de futuro. La empresa se llama Wings 4 Business («alas para los negocios»). Bonito nombre, ¿verdad? La Fundación sigue sus pasos, reinventándose cada día, con nuevos proyectos, buscando amigos que se nos unan para hacer acciones que beneficien a aquellos que tanto lo necesitan.

Éstas son las últimas líneas de un libro que empecé a escribir sin saber cómo evolucionaría y dónde terminaría. De hecho, este relato sólo podría finalizar con la muerte o llegando a ser bisabuelo, porque así podría escribir uno nuevo, pero lo cierto es que lo más importante que he querido reflejar son las sensaciones, sentimientos, vivencias, deseos, ilusiones y sueños que emergen cuando te anuncian que vas a ser abuelo, y mucho más cuando lo eres y lo disfrutas. He querido compartir todo ello con los que os habéis atrevido a comprar este libro. Os lo agradezco igual que os doy las gracias pues con vuestra compra estáis colaborando con la Fundación Álex *(www. fundacionalex.org)*, que sabéis que es algo más que una fundación; es, además, el recuerdo y la presencia en nuestras vidas de nuestro hijo Álex que nos recuerda día a día lo afortunados que somos de tener cuanto tenemos y que debemos estar felices y compartir lo que más valoramos con aquellos que más lo necesitan, y gracias a la Fundación aportamos un muy pequeñito granito de arena a un mundo irracionalmente injusto y egoísta.

Álex nos hizo descubrir un mundo distinto que no veíamos a pesar de tener los ojos abiertos. Ahora, después de muchos años de no tenerle a nuestro lado, mientras aprendemos a ser abuelos, descubrimos otro nuevo mundo a la vez que empiezas a darte cuenta de que quizás este bebé al que adoras, mimas y quieres con locura, un día cuando sea mayor tenga un vago recuerdo de sus abuelos. Dependerá de la longevidad, la calidad de vida de esta longevidad y muy en especial de si ambos factores se producen favorablemente, del amor y dedicación que les hayas dado a tus nietos. Amor con amor se paga, como me dijo una vez el abuelo de Cris.

Queridas abuelas, queridos abuelos, felicidades porque ser abuelo es llegar a la plenitud. Hemos hecho los deberes y ahora debemos disfrutar del descanso merecido que nos toca y ver cómo la semilla que plantamos en su día se ha convertido en un árbol hermoso que es nuestra familia. Ahora toca arrimarnos a él para que nos proteja, nos cobije y nos dé paz y seguridad. Quien a buen árbol se arrima...

# Posfacio

## A mi abuelo Ezequiel

Mi abuelo:

Me pongo a pensar en su recuerdo, y parece que siempre ha estado aquí, que nunca ha dejado de estar a mi lado y que siempre que le he necesitado he notado su presencia.

Aquella persona con la que tuve la suerte de criarme durante mi niñez, ese maestro de la vida que me hacía ver en los detalles insignificantes para muchos, tesoros muy preciados para mí.

De él aprendí muchos de los valores que rigen hoy mi personalidad, todos ellos forjados a través de experiencias y momentos a su lado. Momentos en los que a través de sus recuerdos, podía viajar al pasado y a épocas no tan buenas, que a él le habían tocado vivir.

Te deberé siempre un libro, es lo que pensé el día que lo vi por última vez antes de su funeral, ya que de ese repaso de la historia que le tocó vivir, nuestra intención siempre fue la de escribir algo y compartirlo, pero no pudo ser.

Aficionado al fútbol desde siempre, decidió seguirme en sus últimos años allá por donde jugara, la fuerza que de él me llegaba, me empujó a seguir.

Por eso y por todos los motivos que he mencionado, no sólo le despedí en su último día al abrigo de una de mis camisetas con el escudo más bonito que puede haber, sino que para mí cada partido que salgo al campo y pongo mi pie derecho en el terreno de juego, miro hacia arriba y con el dedo apuntando al cielo, le rindo homenaje diciéndole:

«Ya que nunca me pudiste ver debutar en primera división, esto va por ti.»

VÍCTOR VALDÉS

# Agradecimientos

Quisiera agradecer a mis hijos Gaby y Catiana que me hayan permitido escribir este libro, pues el actor principal es Gaby «peke». También agradecer a Jorge Messi por compartir conmigo sus emociones y vivencias. A Cris, a Gaby y a Paola por sus emotivas, sensibles y tan especiales colaboraciones que enriquecen el libro. A Antonio Asensio por apoyarme y creer en mí y en el libro. A Ernest Folch por todo su apoyo en la edición del mismo y por su entusiasmo. Y a Paula García por toda la logística que me ha brindado en estos meses en los que he estado escribiendo con enorme ilusión este libro distinto a los demás. Y también a Màrius Carol, que seguro que no tardará en ser abuelo, y a Víctor Valdés, otro *crack* cuyo abuelo ha sido fundamental en su vida. Gracias a todos de corazón.

# Índice